AF389573

BIBLIOTHÈQUE

D'UN

BIBLIOPHILE

—

1865 - 1885

EUGÈNE PAILLET

BIBLIOTHÈQUE

D'UN

BIBLIOPHILE.

LILLE

IMPRIMERIE L. DANEL

—

1885

AUX

« AMIS DES LIVRES »

Leur dévoué Confrère

HENRI BERALDI.

BIBLIOTHÈQUE

D'UN

BIBLIOPHILE.

(1865 - 1885)

*e dimanche.*

Rue de Berlin, 40, au premier.

Un petit salon transformé en cabinet de travail. En entrant par l'antichambre on voit :

En face, la fenêtre donnant sur la rue ; près de la fenêtre, sur des chaises, les livres vérifiés, examinés, collationnés et prêts à partir pour la reliure ; ou bien ceux qui n'ont pas encore subi l'examen de réception et n'ont pas été passés au crible d'une méticuleuse et impitoyable critique : les récipiendaires, en un mot, attendant le dignus intrare et l'autorisation de prendre domicile sur les rayons ;

A gauche, les portes de communication avec le grand salon : entre ces portes une glace sans tain, qui permettrait d'être vu de cette dernière pièce si un store baissé ne protégeait le sanctuaire contre les regards des profanes non bibliophiles. Au-dessous de la glace, entre deux bustes de famille, une petite bibliothèque basse contenant quelques in-folios, et sur cette bibliothèque « tout ce qu'il faut pour écrire » ;

Au milieu, une table, et un fauteuil rotatif. C'est sur cette table que les livres sont mis à la question, je veux dire subissent l'examen d'entrée. Deux grands fauteuils gothiques, pour les commodités de la conversation. Çà et là, bien entendu, des sièges variés : quantité suffisante ;

A droite, la cheminée. Sur les côtés de la cheminée un baromètre, (personnage superflu, car dans cet aimable et hospitalier séjour le temps est invariablement au beau, au bienveillant, à la bonne humeur et à l'enjouement inaltérables), et une pendule, (personnage importun et non muet, dont l'indiscret carillon, sur la fin de la journée, rappelle le visiteur à la raison et lui indique que l'heure est venue où il faut s'arracher de ce lieu). Enfin, deux grands corps de bibliothèques en chêne sculpté, assez hauts pour contenir cinq étages de livres, assez profonds pour en recevoir trois rangs, et s'ouvrant par des charnières extérieures, (disposition très pratique qui supprime les coins, les enfoncements des bibliothèques ordinaires, terrain perdu dans lequel on ne sait que mettre).

Dans ces deux meubles, la collection de livres, — non pas la plus importante qui soit, (il n'y en a guère que pour un demi-million), — mais la plus connue et la plus fréquentée de Paris, et, précisément parce qu'elle est considérable sans l'être trop, et éclectique, la mieux faite pour plaire universellement et pour initier au charme de la passion des livres.

Voilà le décor.

Maintenant, les personnages.

Le maître d'abord : EUGÈNE PAILLET, conseiller à la Cour d'appel de Paris, assis à la petite table, sur le fauteuil tournant. Petite tenue de bibliothèque : veston de velours noir, rehaussé d'un point rouge à la boutonnière, et toque de loutre ; cela repose de la solennelle robe des audiences. Mais que fait-il ? Il est bien attentif ! Devant lui sont étalés plusieurs volumes « dépiautés » ; il prend délicatement les feuilles de ces volumes ; il les mesure, il les rapproche, il les compare. Ciel ! pourquoi cet éclair dans le regard ? Qu'y a-t-il ? Une paille ? une tare dans le papier ? une tache ? un raccommodage ? un feuillet refait ? une faiblesse dans l'impression ?...... Mais non, le monocle braqué dans l'œil retombe, tout est bien, et de ces cinq exemplaires du même livre, que vous voyez étalés sur sa table, va sortir tout à l'heure un volume de haute saveur, parfait, irréprochable, composé avec les feuilles les mieux venues de chaque exemplaire : alors, raffinement des raffinements, volupté suprême, il pourra annoter son livre de cette mention magique : le plus bel exemplaire connu ! (moi seul, et c'est assez !).....

On sonne : le travail du bibliophile s'interrompt. C'est le défilé qui commence.

M. de Lacarelle. Il vient voir la nouveauté du jour : un volume tout fraîchement rentré de la reliure. L'hôte de céans, dont le coup d'œil fait trembler tant d'amateurs, attend à son tour anxieux le verdict du redoutable connaisseur. Celui-ci a pris le livre pour l'examiner, que va-t-il dire ? Il le soupèse : n'aurait-il pas la densité spécifique particulière aux livres bien reliés, et provenant de l'homogénéité du battage ? Il le pince : la coiffe fléchirait-elle sous les doigts, indice d'un corps d'ouvrage trop mou ? Il exerce sur les deux plats des tractions en sens opposés : le livre serait-il faiblement emboîté ? Il fait claquer les plats contre les gardes : le volume ainsi percuté rendrait-il un son défavorable ? Il flaire le fond : sentirait-il la colle ? Il examine le dos, ce criterium des livres parfaits : aurait-il un défaut ? Les nerfs : seraient-ils trop épais ? ou trop minces ? Le titre : serait-il en caractères trop forts ? ou trop maigres ? Le maroquin : aurait-il un grain trop gros ? trop petit ? trop écrasé ? pas assez ? Il l'ouvre pour regarder la doublure, il fait miroiter l'or de la dentelle intérieure, il se présente les deux plats à la fois pour en mieux apprécier l'effet ; le décor ne serait-il pas d'un goût absolu ? Il le feuillette en faisant résonner le papier sous le doigt..... C'est fini ! Tout est au mieux ! Le jugement est approbatif...... Soulagement ! Un trésor de plus sur les rayons !

On sonne. M. de Villeneuve. Il se fait donner un certain livre à figures, qu'il demande, s'installe près *de la fenêtre, et, silencieux, l'examine à fond. Gageons qu'il mûrit un achat et qu'après comparaison réfléchie la semaine ne se passera pas sans que sa bibliothèque ne se soit augmentée d'un volume de haut choix.*

On sonne. M. de Lignerolles, le grandissime biblio-phile, le type du collectionneur gentilhomme, le de Thou, le d'Hoym de notre siècle. On le complimente sur sa dernière victoire à l'hôtel Drouot. Il reçoit l'éloge avec modestie, presque fâché qu'on sache que le précieux livre est allé grossir le nombre de ses merveilles ; voilà bien l'amateur de l'ancienne roche !

On sonne. MM. de Tinan et Bauchart. Le premier prend dans la bibliothèque un petit volume et tire de sa poche pour le mesurer un instrument d'ivoire que dans le langage ordinaire on nomme simplement double-décimètre, mais que lui, raffiné, a imaginé de baptiser « elzéviriomètre », ce qui a tout à fait grand air. Le second est rayonnant, ainsi qu'il convient à un homme qui vient d'effectuer « le mariage de Villon avec Louise Labbé ». En français courant cela signifie que, possédant déjà un exemplaire de la rarissime édition originale des Poésies de Louise Labbé, *il vient d'acheter et de mettre sur le même*

rayon de sa bibliothèque un précieux Villon *de 1537.
La conversation devient singulièrement animée,
technique et excitante à la fois.*

On sonne, on sonne, on sonne. Le baron Pichon,
président de la très-haute, antique et vénérable Société des Bibliophiles français, qui vient rendre
visite au président de la jeune et ardente Société des
Amis des Livres ; James de Rothschild, le grand
bibliophile ; Georges Masson, Fernand Petit, de
Saint-Géniès, Abel Giraudeau, Germain Bapst,
Rodrigues, Delbergue-Cormont, Truelle-Saint-
Evron, Lessore (tous amateurs éclectiques et possesseurs de bibliothèques variées) ; Roger Portalis (belle
collection, nombreuses reliures anciennes), et son ami
Léon Mercier (un passionné de livres à figures) ; de La
Béraudière (connaisseur de première force), de Fresne
(peu de livres, mais du choix le plus rigoureux),
Herpin (poètes du XVIme), Meaume (catalographe
de l'œuvre de Callot), Parran (bibliographe de Pétrus
Borel et d'Alexandre Dumas), Henry Houssaye
(livres de travail et romantiques, annotés d'envois
autographes), Cherrier (bibliographe de Mathurin
Régnier), de Ruble (magnifique bibliothèque, célèbre
collection de pièces originales de Molière), Billard

(livres modernes avec dessins), Bégis (révolution française), de Champ-Repus (elzevirs), Lucien Clément (XIXme siècle), de Marchéville (bibliographe de Regnard), Vian (bibliographe de Montesquieu), Hervey (livres ornés de portraits), Gallien (bibliothé-caire de la Cour de Cassation, l'un des trois fonda-teurs de la Société des Amis des Livres : sa biblio-thèque particulière était au Palais de Justice, elle périt dans l'incendie de 1871 ; l'infortuné en est mort), Saint-Albin (objets de haute curiosité, choisis avec le plus grand goût), Cusco (médecine, auteur de l'Instrument de Molière), *Beraldi père (portraits), Gallimard (livres illustrés modernes, avec* fumés *des gravures sur bois), Daguin (éditions originales, livres à figures du XVIIIme siècle), Emmanuel Bocher (catalographe de Moreau, de Saint-Aubin, de Gavarni), Charles Cousin (vice-président de la Société des Amis des Livres, qui a l'esprit de s'avouer hautement ce que nous sommes tous sans oser le dire, et qui signe :* le Toqué !), *Pascal (bibliophile marseillais), de Sauvage (bibliophile liégeois), Vanloo (bibliophile gantois), Ashbee (bibliophile londonien).....*

On ne sonne pas. Quelqu'un entre directement du

salon. Ceci est grave. C'est un profane qui, étant venu rendre visite à la maîtresse de la maison, profite de l'occasion pour essayer de voir « ces fameux livres dont il a tant entendu parler ». Comment ne pas lui montrer au moins un spécimen ? C'est le moment d'exécuter ce qu'on appelle « le coup des Pandectes ». Ce coup consiste à présenter à la victime un exemplaire du Corpus, spécialement consacré à cet usage : beau livre, mais sans vignettes ; poids, dix kilos ; aucun charme. L'infortuné commence à feuilleter, ne comprend pas, admire du bout des lèvres, murmure : « oui c'est beau ! ah que c'est beau ! » se tortille sur sa chaise, prend l'apparence d'un homme qui ressent les premières atteintes d'un empoisonnement, se lève, salue et fuit. La victoire est à nous ! (Le procédé est immanquable ; surtout ne le dévoilez pas, il ne pourrait plus servir !)

Cinq heures. C'est un relieur qui vient arrêter le choix d'une roulette ou d'une dentelle. C'est un bibliophile débutant qui vient soumettre un livre à « l'œil du critique » et demander un conseil : faut-il acheter ? combien faut-il payer ? C'est un artiste, Edmond Morin, Lewis Brown, Dagnan, Martial, Foulquier, qui vient conférer au sujet d'illustrations à exécuter. C'est Alfred Piet, le sévère trésorier de la Société des Amis des Livres, qui vient rendre ses comptes et exposer la prospérité de la situation.

Six heures. Voici bientôt quatre heures qu'on feuillette des livres : la fatigue arrive. C'est l'heure du repos, l'heure de la cigarette, l'heure de la causerie, des anecdotes, des éclats de rire. Je ne dirai pas que c'est l'heure de l'esprit ; vous savez que notre Bibliophile en a toujours : mais alors, c'est l'heure où il en a deux fois !

Sept heures ! La séance est levée.

(Exeunt omnes.)

Le dernier parti, qui était aussi le premier arrivé, n'est autre que votre serviteur, l'assidu des assidus. Après avoir mis en scène les personnages vivants et parlants de la grande représentation bibliophilique du dimanche, il veut vous présenter les personnages muets, mais de la principale importance car sans eux il n'y aurait point de pièce ; ce sont les livres eux-mêmes. Sûr d'être agréable aux fidèles amis du Bibliophile, il en a furtivement dressé, à leur intention, le catalogue que voici :

MANUSCRITS.

LE ROMAN DE LA ROSE. Manuscrit sur vélin du commencement du XIVᵉ siècle. In-fol. de 182 ff., bordures, lettres ornées. Deux grandes miniatures et trente-et-une petites, à fond d'or et à damier.

Reliure de LORTIC; en MOSAÏQUE, et DOUBLÉE. L'extérieur orange, avec enroulements noirs, verts et rouges. L'intérieur rouge, semé de fleurs de lys. Tranche dorée ciselée.

2. HEURES. Manuscrit sur vélin de la fin du XIVᵉ siècle. Petit in-8 de 232 ff. Lettres ornées. Dix-huit miniatures, très-fines. L'une d'elles eprésente le personnage qui a offert ce livre d'heures ; une autre, la dame qui le possédait.

Reliure ancienne en maroquin noir.

3. LA CHASTETÉ DANS LE VEUVAGE, lettre de Saint Jérôme « à madame Furie, fille d'un sénateur de Rome... translatée en françois par Charles Bonin , prêtre », pour une damoiselle veuve, de la maison de La Rochefoucauld. Manuscrit sur vélin du XVᵉ siècle. In-8. Miniature à deux compartiments représentant d'un côté, Saint Jérôme confiant sa lettre à un porteur, de l'autre, le porteur la remettant à Madame Furie.

Reliure du temps, en velours rouge.

4. **HEURES LATINES.** Manuscrit sur vélin de la fin du
XVe siècle. In-8 de 135 ff. dont toutes les pages sont en-
tourées de riches bordures où se voient des fleurs, des fruits,
des oiseaux, des insectes, des chimères et autres ornements,
peints en or et en couleur ; nombreuses lettres initiales ;
vingt grandes miniatures et trente-neuf petites, plus celles
qui entourent le calendrier.

> Ce beau manuscrit, remarquable par la richesse de son ornemen-
> tation, est relié en velours violet par Bauzonnet.
> C'est un des deux manuscrits que possédait le grand bibliographe
> CH. BRUNET.

5. **OFFICE DE LA VIERGE MARIE**, avec un exercice spirituel. Manuscrit sur vélin, 1654. Petit in-8 de 336 pages, en
deux écritures, romaine et bâtarde, divisé en plusieurs
chapitres, en tête desquels se trouvent de petits ornements
peints, et alternativement un chiffre formé de deux A
renversés, et un autre formé de deux D et deux C. L'écriture est noire, rouge, bleue, entourée d'un large filet
d'or. Elle est du célèbre NICOLAS JARRY, écrivain des rois
Louis XIII et Louis XIV.

> Si le livre est précieux, la reliure est digne de lui.
> Elle est en MOSAÏQUE et DOUBLÉE, par TRAUTZ. C'est une des vingt-
> deux mosaïques qu'a faites, en tout, l'illustre artiste.
> L'extérieur en maroquin blanc, mosaïque bleue et rose, dorure au
> pointillé genre Le Gascon : l'intérieur en vélin blanc ; têtes d'anges
> dans les angles et au milieu le mot *Marie* dans une auréole entourée
> d'un semis d'étoiles. Tranche ciselée et peinte en blanc, bleu et rose.
>
> Trautz, bien que très modeste, ne revoyait jamais sans orgueil ce
> chef-d'œuvre sorti de ses mains, et qu'il a voulu signer trois fois,
> (deux fois sur le livre, une sur la boîte qui le renferme). Il le contem-
> plait avec amour, et observait, avec une satisfaction d'artiste la modi-
> fication apportée par le temps à la couleur du maroquin blanc, qui a
> pris aujourd'hui une chaude teinte d'ivoire.

6. **RECUEIL DE DIFFÉRENTES PIÈCES CONCERNANT
LA RÉGENCE DE PHILIPPE D'ORLÉANS**, par Lagranche-
Chancel. Manuscrit in-12.

> Ce manuscrit curieux contient les cinq *Philippiques*, la *Parodie de
> Mithridate*, etc. Lorsque Lagrange-Chancel composa ces pamphlets,
> aucun libraire n'en voulut risquer l'impression ; il en courut simple-
> ment quelques exemplaires manuscrits sous le manteau, dont celui-ci,
> vraisemblablement.
>
> Reliure de PADELOUP, maroquin rouge, trois filets, dos orné, doublé
> de tabis.

7. ABRÉGÉ DU DROIT OU JURISPRUDENCE ROMAINE , avec son rapport à ce qui est de notre usage. Manuscrit du XVIIIe siècle , de 209 ff. In-8.

> Reliure de Brany, en maroquin brun.

8. ALMANACH POUR 1758. Manuscrit in-12 , vignettes à l'encre de Chine.

> Reliure ancienne , maroquin vert , large dentelle. Aux armes de THIÉRY DE SAINTE-COLOMBE.

9. RECUEIL DE POÉSIES GALANTES , tant fugitives que tirées des auteurs les plus célèbres. Collexit Guyot , à Bourges , 1761. Manuscrit en trois volumes in-8.

> Veau écaille, trois filets, chiffre et couronne de comte.
>
> Nous ouvrons un volume au hasard et tombons sur cet aphorisme:
>
> *Dès qu'un objet cesse de plaire*
> *Le commerce amoureux aussitôt doit finir ,*
> *Le respect des serments n'est plus qu'une chimère ,*
> *La perte du plaisir qui nous les a fait faire ,*
> *Nous dispense de les tenir.*
>
> Jolie morale! Eh bien, l'axiôme s'applique parfaitement à l'amour des livres : dès qu'un volume cesse de plaire, rien ne saurait y faire, il faut qu'il parte.
> Le tout est de savoir le faire partir dans de bonnes conditions!

10. CONTES DE LA FONTAINE , manuscrit de la fin du XVIIIe siècle, en 2 vol. grand in-4, à l'encre noire, verte et rouge (par Monchaussé), illustré de culs-de-lampe dessinés qui reproduisent des compositions de Choffard (par de Marolles) , et contenant CINQUANTE-SEPT DESSINS ORIGINAUX DE FRAGONARD. Exécuté pour Bergeret , fermier-général , qui n'a fait transcrire que les cinquante-sept contes pour lesquels il possédait des dessins.

> La reliure est de DEROME, en maroquin rouge, grecque et encadrements sur les plats, dos orné, doublée de tabis.
> La merveille de la bibliothèque Paillet!
>
> L'histoire de ce livre est connue, cependant il faut la rappeler ici en détail , pour l'esbattement et instruction de la gent bibliophile.
> Il fut autrefois en la possession de M. Feuillet de Conches, qui l'acheta dans le bon temps, pour un prix minime, presque pour rien, *pour une grimace*, comme disait Sieurin. On le retrouve ensuite chez divers amateurs. Mais passons.
>
> Le voici à vendre et l'on en demande VINGT-CINQ MILLE FRANCS !
> Laisser échapper un pareil chef-d'œuvre est absolument impossible !

Mais, d'un autre côté, débourser vingt-cinq mille francs d'argent, cela demande réflexion, il n'y a aucune honte à l'avouer. D'ailleurs, ces achats contre espèces sont le fait des collectionneurs plus riches que forts , on doit laisser aux « gros sacs » cette manière brutale et banale d'opérer : le grand collectionneur procède d'une façon plus complexe et plus intéressante.

Il faut trouver dans sa bibliothèque les matériaux d'un échange habile, qui procurera un fort à-compte sur la somme.

Et voilà notre bibliophile planté devant ses livres, cherchant, non pas *quem devoret,* mais au contraire ce qu'il va abandonner en pâture au minotaure-Morgand. Imaginez un père obligé de choisir lui-même parmi ses enfants celui qui sera mangé !

Il faut sacrifier un morceau de premier ordre, il n'y a pas à dire ; sans cela, point d'affaire. Allons, pars, mon beau *Faublas,* pars avec tes précieux dessins originaux de Marillier, pars avec ta suave reliure de Trautz, bleu doublé d'orange ; pars, je verse sur toi des pleurs, mes regrets t'accompagnent. Je te laisse échapper pour dix mille francs, si jamais je te retrouve pour cinq, crois bien que je ne te manquerai pas. Pauvre *Faublas !...* Mais quand je pense à ces cinquante-sept merveilleux dessins de Fragonard... allons, va-t-en !... va-t-en !...

Ah ça, maintenant, assez de sacrifices, et jouons serré.

Hors d'ici *Contes de Perrault* de 1781, livre estimé mais mal fait, tu es en vogue, les amateurs font des folies pour toi : c'est le moment de te lâcher, à un bon prix.

Si Calypso se montra inconsolable du départ d'Ulysse, je me consolerai fort bien, moi, de celui de *Télémaque,* édition originale par parties. Hors d'ici !

Quoi encore ? l'*Heptaméron* de 1559 ? Allons, soit !

Mais, j'y pense, les *Comédies de Regnard,* éditions originales ? Si nous sacrifiions cet excellent Regnard ? Va pour Regnard.

Il manque encore quelque chose. Oh ! oh ! Un roman de Restif de la Bretonne, le plus rare il est vrai, mais dont je me soucie guère. Combien en demander ; pour quel prix insensé le jeter dans la gueule du monstre ? Trois mille francs, pas un sou de moins...! S'il allait hésiter ? Morbleu ! il faudra qu'il l'avale (*sic*)...

Et en effet, le tout fut « avalé », pour vingt-deux mille francs, et moyennant trois mille francs de menue monnaie Fragonard entra triomphant dans la bibliothèque du bibliophile !

Mais ceci n'est rien encore !

Vous savez tous que ces dessins exquis sont inédits en majeure partie ; de plus, ceux qui ont été publiés plus tard ont été gravés d'une façon qui n'est pas absolument conforme aux dessins originaux, lesquels ne sont pas très faits : il a fallu en préciser toutes les indications en les gravant.

Voilà qu'un beau jour le libraire Rouquette flaire une forte opération et vient demander à notre ami de laisser graver ses cinquante-sept dessins en fac-simile, par Martial. Refus. — Mais je vous abandonne le tiers du bénéfice, le second tiers étant pour le graveur, et le dernier pour moi. — Refus... Rouquette insiste, il persécute, il fait vibrer la corde sentimentale : pourquoi priver de ces reproductions en fac-simile les bibliophiles qui les désirent, et qui les attendent avec passion ?

Cette raison décide tout, on grave les dessins, on tire à nombre limité d'exemplaires qui se vendent sur le champ, on fait le compte; Rouquette gagne trente mille francs, Martial en reçoit autant, notre bibliophile autant.

Son livre de vingt-cinq mille francs lui coûte ainsi... cinq mille francs de bénéfice.

Il est vrai qu'il en vaut cinquante mille !

INCUNABLES

ET

LIVRES DU XVIᵉ SIÈCLE.

RS PREDICANDI SANCTI AUGUSTINI. Imprimé par Jehan Mentelin, à Strasbourg, pet. in-fol.

Reliure du XVᵉ siècle, veau gaufré.

Important spécimen des impressions de Mentelin. On sait que la question a été agitée de savoir si Mentelin n'était pas le véritable inventeur de l'imprimerie. Gutenberg, dans ce cas, n'aurait été qu'un simple Vespuce, et même indélicat. Mais la question semble tranchée en faveur de Gutenberg....

De si graves débats ne sont point notre fait : passons.

Mais avant d'aller plus loin, expliquons tout de suite notre classement chronologique pour le présent catalogue.

D'habitude, les livres sont catalogués suivant la division des connaissances humaines : théologie, histoire, sciences, beaux-arts, littérature, etc.

Cela se comprend pour les bibliothèques d'étude, ou encore pour les vastes bibliothèques encyclopédiques comme en possèdent encore quelques rares amateurs.

Mais ce classement ne convient guère aux bibliothèques restreintes de la plupart des amateurs d'aujourd'hui, qui sont à proprement parler, non des *bibliothèques*, mais des *collections de livres*, ce qui est bien différent.

Il faut oser dire que le programme des connaissances humaines tient maigre place dans les préoccupations d'un bibliophile ; ce qu'il recueille, ce sont de *jolis* livres : le but que poursuit cette variété de collectionneurs, c'est de reconstituer *l'histoire de ce bibelot particulier qui s'appelle le Livre*, rien de plus.

Le classement chronologique a sa dose d'inconvénients et d'arbi-
traire. Mais l'autre aussi. Témoin certain catalogue de vente dans
lequel, pour éviter de présenter en bloc toutes les éditions des
Métamorphoses d'Ovide, on les avait dispersées :

A la théologie, parce qu'il y est traité des superstitions des anciens ;
A la littérature, parce que c'est écrit en vers latins ;
Aux beaux-arts, en considération des vignettes et des fleurons ;
A l'histoire, à cause du passage sur les prodiges qui annoncèrent
la mort de César.

Voltaire considéré comme écrivain du XVIIIe siècle, se classe facilement et d'un seul morceau. Sinon, il nous faut mettre son théâtre
à la *poésie lyrique*, la Henriade à l'*histoire*, la Pucelle aux *facéties*, sa
correspondances aux *épistolaires*. Si nous avons le tout réuni en
œuvres complètes, Voltaire devient un *polygraphe !*

Après cela, vous voyez qu'il n'y a pas à se gêner.

Voilà pourquoi nous avons abandonné le cycle des connaissances
humaines, et la théologie, et l'histoire avec ses prolégomènes et ses
paralipomènes (ombre de Bacon, pardonne-moi !) et pourquoi nous
allons vous présenter d'abord les incunables, et les livres du XVIe
siècle.

12. LETTRES DE SAINT-JÉRÔME, imprimées par Jean Mentelin de Strasbourg, in-fol.

Reliure en bois, parchemin gaufré, commencement du XVIe siècle.

13. MATHEUS DE CRACOVIA. TRACTATUS RACIONIS ET CONSCIENCIAE. Gutenberg, vers 1460, in-4.

Reliure de TRAUTZ, maroquin brun, compartiments XVe siècle sur
les plats, titre et autres indications argentées.
Curieux spécimen des impressions de Gutenberg.

La bibliothèque que nous décrivons est éclectique et formée de
spécimens de tous les genres, mais toujours choisis dans les plus
marquants et les plus célèbres de chaque genre, et encore à la condition
d'être parfaits, sans défaut, irréprochables et exceptionnels.
C'est dans cet éclectisme exigeant que réside le cachet particulier de
la bibliothèque ; notre classement le fera bien saisir.
L'intéressant, pour nous, n'est pas d'aligner dans un ordre consacré
un certain nombre de titres d'ouvrages : (à ce compte-là, autant prendre
Brunet tout de suite) ; c'est de faire ressortir l'idée particulière qui a
présidé à la formation de la collection, de pénétrer le plan que l'amateur
s'est imposé, de se rendre compte s'il l'a exécuté résolument et avec
goût.

De nos jours, en effet, les programmes de bibliothèques varient de
plus en plus ; il y en a autant que de collectionneurs, chacun étant
obligé de se limiter.

Le bibliophile d'autrefois, habitant des châteaux ou de vastes logis,
consacrait une salle à sa bibliothèque, ne reculait devant aucun ouvrage,
prenait tout, avait régulièrement sa rangée de beaux in-folios : achetant
beaucoup aussi parce qu'il achetait à des conditions possibles. Les temps
sont changés. Avec la somme que produisit il y a un siècle l'immense
bibliothèque du Duc de La Vallière, on aurait aujourd'hui simplement

trois ou quatre morceaux tout-à-fait hors ligne. Autrefois, quand la bibliothèque de Charles Nodier produisit soixante mille francs, cette somme fit sensation. Aujourd'hui , pour le même prix, on a le demi-quart d'un rayon de bibliothèque , en bons livres s'entend. Aussi, ne pense-t-on qu'à se condenser. Il y a bien encore des bibliothèques , dans la grande acception du mot ; il suffit de citer celle de Chantilly ; celle que le baron James de Rothschild avait si magnifiquement installée dans son hôtel de l'Avenue de Friedland ; ou bien encore celle de M. de Lignerolles, d'où les rares mortels qui y ont pénétré reviennent éblouis, étourdis de visions fantastiques , comme s'ils sortaient de la caverne de Montesinos. Mais il y a surtout une foule de petites collections (tout le monde collectionne aujourd'hui), bornées d'un côté par le prix des livres , de l'autre par l'exiguité des appartements modernes.

Les in-folios sont délaissés : ce n'est pas laid, mais ça tient de la place. Les grands Bodoni, les grands Didot, jadis l'orgueil des bibliothèques, vous les auriez maintenant par dessus le marché. Quand on veut donner la plus haute idée d'un bibliophile, on ne dit plus : il a dix mille volumes ; on dit : il a deux mètres de rares plaquettes. Renouard avait onze grammaires latines, dix-huit dictionnaires de Calepin, trente-huit Homères, une quarantaine de Xénophons, deux quarterons de Virgiles, et cinq douzaines d'Horaces : le reste à proportion. Ces textes multiples pouvaient lui être utiles pour sa profession d'éditeur ; il n'y a rien d'étonnant d'ailleurs à voir de pareils assortiments, car quel est le fait du collectionneur, si ce n'est précisément de colliger ? Mais rassurez-vous, on peut encore se dire bibliophile à moins ; aussi ne se fait-on pas faute aujourd'hui de se concentrer sur un nombre restreint de morceaux, mais du premier choix : rien que la fleur, le suc, la quintessence : ces collections-Liebig ne sont pas les moins intéressantes. Cette transformation moderne de la manière de collectionner est à signaler. Autrefois, on puisait à pleine mine dans les livres de tout genre, maintenant chacun suit un petit filon particulier ; qui tel siècle ; qui les seules éditions originales ; qui les elzevirs ; celui-ci limite son ambition aux seules éditions de Montaigne, ou de Régnier, ou de Manon Lescaut. Une collection bien connue se compose d'éditions de Béranger. Un amateur s'est fixé une dimension de bibliothèque et a juré qu'il fera tenir cinq cent mille francs de livres dans une petite armoire carrée de soixante centimètres de côté. Cet autre ne recherche les livres que s'ils sont en reliure de Derome ; un plus exigeant se limite à celles de ces reliures qui sont en maroquin vert pomme. D'autres se vouent à la spécialité des exemplaires sur peau de vélin. Certains affectionnent uniquement les livres ultra-légers.

Brunet est aujourd'hui inutile à toute une classe de bibliophiles, qui n'ont besoin que de Cohen ou de Brivois. Ils ne poursuivent que les livres à figures du XVIIIᵉ siècle, ou bien, s'ils sont terrifiés par la valeur exorbitante à laquelle ceux-ci ont été poussés, se rejettent sur les livres à illustrations de notre temps.

Et même dans l'amateur de livres modernes il y a des variantes : celui qui surveille l'apparition des publications contemporaines pour souscrire à des exemplaires sur japon ; celui qui cherche les livres illustrés, mais seulement brochés ; celui qui, au contraire, les veut en demi-reliure 1830 ; celui qui s'efforce d'y joindre les fumés des bois ; celui à qui il faut les eaux-fortes des figures ; celui qui ne prend point un livre quand il n'a pas conservé sa première couverture ; ou même qui exige le prospectus et l'affiche de la publication.

Il y a l'amateur malin, qui a un joli petit noyau de livres, et avec cela une grande collection d'anecdotes sur toutes les bonnes occasions qu'il a eues et qu'un accident seul lui a fait manquer, sur tous les livres qu'il a failli emporter de vive force au feu des enchères. Avec le récit de ces performances économiques, on se fait de la réputation et on s'amuse beaucoup, car 'parler des livres est une joie tout aussi bien que les posséder.

Et le grand bibliophile, qui n'achète plus rien parce qu'il connaît si bien le fort et le faible des livres, le faible surtout, qu'aucun n'arrive plus à le satisfaire ! Son expérience est telle que, quel que soit le volume qu'on lui présente, il se rappelle toujours avec regret avoir vu passer entre ses mains un exemplaire supérieur. Et à force de surexcitation, on finit par chercher l'impossible, on arrive à l'état maladif ; on soupire après le livre qui n'existe pas et ne peut exister, cherchant de bonne foi *le Contrat social* exemplaire de Charles-Quint, *Notre-Dame-de-Paris* imprimé par Geoffroy Tory, et *Justine* aux armes de Blanche de Castille.

Mais devinez quelle est la variété de bibliophile la plus commune. C'est le bibliophile qui n'a pas de livres du tout. — Mais alors, ce n'est point un bibliophile ? — Je vous demande pardon, puisqu'il fait partie d'une société de bibliophiles. Dans toutes les sociétés de bibliophiles, vingt sur vingt-cinq n'ont pas de livres. Il y en a qui font passer la chose avec esprit. Notre ami L...., de la Société des Amis des Livres, prétend qu'il se contente de collectionner... les bibliophiles, les trouvant très-drôles.

Pour en revenir au plan de la bibliothèque Paillet, voici son précieux avantage : quand vous aller la visiter, quelle que soit votre spécialité, vous êtes sûr d'y trouver, en état supérieur, les livres qui correspondent à votre propre goût. C'est ce qui explique l'intérêt qu'elle inspire à tous.

14. LA TERRIBLE ET MERVEILLEUSE VIE DE ROBERT LE DIABLE. Paris, Nicolas Bonfons, sans date (gothique), Petit in-4.

Relié par Kœhler en maroquin violet, compartiments sur les plats.

15. IMITATION DE JÉSUS-CHRIST, édition princeps. (Augsbourg, 1471), in-fol.

Reliure de TRAUTZ, maroquin tanné à croix, rosaces et compartiments gaufrés à froid.
Exemplaire d'une pureté parfaite.

16. SANCTUS AUGUSTINUS. CONFESSIONES. Milan, J. Bonus, 1475. Première édition avec date, imprimée en caractères ronds, à longues lignes, sans chiffres, signatures, ni réclames, in-4.

Reliure du temps, en vélin blanc.

17. GAI (*sic*) PLINII SECUNDI, ORATORIS NOVOCOMENSIS LIBER ILLUSTRIUM VIRORUM DE PROCA REGE ALBANORUM. Venetiis, Vendramino, 1477, pet. in-4.

Reliure en maroquin rouge, trois filets, par BOYET, aux armes du PRINCE EUGÈNE DE SAVOIE.

18. JUSTINIANI NOVELLÆ, Constitutiones Consuetudines

feudorum, tres libri Codicis. In civitate Maguncia Petrus Schœffer de Gernkheim, 1477. In-fol. Edition princeps.

> Reliure de Lortic, maroquin brun entièrement couvert de compartiments XVᵉ siècle, titres sur les plats.
> Spécimen remarquable sorti des presses de l'associé de Gutenberg et de Fust.

19. L'ILIADE, L'ODYSSÉE, et les autres petits poëmes d'Homère. Édition princeps de Calchondyle, Florence, 1488, 2 vol. in-fol.

> Reliure de Derome, en maroquin vert.
> Exemplaire cité par Brunet.

20. ALAIN CHARTIER. Edition originale. Paris, Pierre Le Caron, 1489, in-4.

> Relié par Boyet, veau fauve, trois filets.
> Provenance : Girardot de Préfond, Odiot et baron Pichon.

21. LE SONGE DE POLIPHILE. Alde, 1499, in-fol., fig.

> Les lettres initiales ont une enluminure du temps.
> Reliure anglaise en maroquin bleu.

22. LE ROMAN DE LA ROSE, nouvellement imprimé à Paris, par Anthoine Vérard, (sans date, vers 1500), in-4.

> Reliure de Thibaron, doublée. L'extérieur rouge janséniste. Riches encadrements intérieurs, dorure style Renaissance.
> Exemplaire Utterson.

23. MAITRE PIERRE PATELIN, suivi de Le Testament Patelin à quatre personnages. Marque de Guillaume Niverd (vers 1500), in-8.

> Une des premières impressions de cette farce, qui inaugure si gaiement le théâtre français. A ce titre, livre très-important.
> Reliure de Bauzonnet, en maroquin vert, doublée de maroquin rouge, dentelle intérieure. Dans un étui.
> Exemplaire Léopold Double.

24. HEURES A LUSAIGE DE REINS, toutes au long sans requérir : avec les figures et signes de lapocalipse ; la vie du sainct home Tobie et de la bone dame Judic : les accidès de l'home, le triũphe de Cesar, les miracles Nre Dame : ont été faictes à Paris pour Simõ Vostre, libraire : demourant à la rue neufve : près la grant esglise. Almanach ponr XIX ans de 1513 à 1532. In-4.

> Imprimé sur peau de vélin.

Ce superbe exemplaire provient du roi CHARLES X , qui le donna au cardinal Latil.

Reliure en MOSAÏQUE , et DOUBLÉE EN MOSAÏQUE, par LORTIC. L'extérieur en maroquin brun, compartiments Grolier, rouges, bleus, jaunes. L'intérieur en maroquin bleu, avec une grande croix byzantine chargée de la Vierge écrasant le serpent et des symboles des quatre évangélistes : le tout mosaïqué. Gardes en drap d'or. — Dans un étui en maroquin rouge doublé de chamois.

25. TACITE. Édition princeps. Rome, Guilleret, 1515 , in-fol.

Reliure du temps, en maroquin rouge, deux filets, guirlande sur les plats.

26. LES GRANDES COUSTUMES GENNÉRALES ET PARTICULIÈRES DU ROYAULME DE FRANCE. Jehan de la Garde , 1517 (gothique) , in-4.

Première et rare édition.

Reliure de Lortic, maroquin brun, compartiments XVIe siècle sur les plats, et fleurs de lys, tranche frappée.

27. OPUS MERLINI COCCAII , Zanitonella , Phantasiæ , Moschœœ , etc. Tusculani , apud Lacum Benacensem , Alexander Paganinus, 1521 , pet. in-8 (suivi de *Epistola Volgare*).

Reliure de Lortic, maroquin rouge, trois filets, ornement de milieu sur les plats, dos très-orné.

28. PROSE DI PIETRO BEMBO. Venise , 1525 , in-fol.

Reliure ancienne, maroquin rouge, compartiments sur les plats ; au milieu, la marque et la devise de CANEVARIUS, médecin du pape Urbain VII.

29. ΑΠΑΝΤΑ ΤᾺ ΤΟῪ ΙΠΠΟΚΡΑΤΟΥΣ. Venetiis , in ædibus Aldi , 1526 , in-fol.

Édition princeps de toutes les œuvres d'Hippocrate.

Reliure en veau.

30. HORÆ VIRGINIS MARIÆ. Parisiis , Geoffroy-Tory. 1527, pet. in-4.

Superbe exemplaire de ces heures que Dibdin considère comme la plus belle production de Geoffroy-Tory.

Reliure de THIBARON-JOLY, en MOSAÏQUE et DOUBLÉE. Du maroquin extérieur qui est La Vallière, on n'aperçoit que ce qui forme d'élégants rinceaux XVIe siècle. Il est en majeure partie recouvert de maroquin rouge sur lequel sont des ornements et des branches de feuillage, a petits fers. L'intérieur en peau de vélin, motifs aux angles, et, dans le milieu, un cartouche avec le titre. — Dans un étui, doublé de peau de chamois.

31. DIVERSITÉ DE COURTS ET LOUR JURISDICTION. — THE OLDE
TENURES. Thomas Bertheletus, 1530, pet. in-8. — LITTLETON
TENURES, apud Richardum Toteles, 1557.

> Livres de droit saxon, très-intéressants, pour ceux qui aiment ça.
> Maroquin rouge janséniste, par Trautz et Thibaron.

32. EXTRAICT OU RECUEIL DES ISLES NOUVELLE-
MENT TROUVÉES EN LA GRANDE MER OCÉANE, au
temps du roy Despaigne Fernand et Elizabeth sa femme,
faict premièrement en latin par Pierre Martyr de Milan et
depuis translaté en languaige françois. Paris, Simon de
Colline, 1532, in-4.

> Livre rare et recherché.
> Reliure de THIBARON-JOLY, maroquin glauque, riches compartiments
> XVIᵉ siècle couvrant d'or tous les plats ; doublée de peau de vélin.
> — Dans un étui.

33. LANCELOT DU LAC. Jehan Petit, 1533 ; 3 parties en
un vol. in-fol.

> Reliure DOUBLÉE, par SIMIER. L'extérieur en maroquin bleu, compar-
> timents dorés; l'intérieur rouge, dentelle.
> Ce beau spécimen de roman de chevalerie provient du roi LOUIS-
> PHILIPPE et de M. DE LAROCHE-LACARELLE.

33ᵇⁱˢ. Aresta amorum, par Martial d'Auvergne. Lyon, Gryphe,
1533, pet. in-4.

> Reliure veau ancien.

34. JUVENALIS. PERSIUS. Venetiis. Aldus, 1535, in-8.

> Reliure en veau à compartiments XVIᵉ siècle, tranche dotée.
> Exemplaire de GROLIER, avec sa légende *Grolierii et amicorum*
> frappée en or sur le plat recto et écrite de sa main à la fin du volume.
> Les initiales de ce livre sont dorées.
> Provenance : LÉOPOLD DOUBLE et GONZALÈS.

35. DES DIVERS TRAVAULX ET ENFANTEMENTS DES FEMMES, et
par quel moyen l'on doit survenir aux accidents qui peuvent escheoir devant et après yceulx travaulx, etc. Jehan
Foucher, 1536; pet. in-8 (gothique), fig. sur bois.

> Reliure en maroquin rouge, filets, tranche dorée, par DEROME.
> Livre très-rare. Provenance : VEYNANT et MAC-CARTHY.

36. TRATTATO DELLE REVELATIONE DE LA REFORMATIONE DELLA
CHIESA etc. dal padre Hieronymo da Ferrara, 1536.

> C'est Savonarole qui a fait ce livre. Il lui en a cuit.

37. LES SIMULACHRES ET HISTORIÉES FACES DE LA MORT. Lyon, soubz l'escu de Coloigne , 1538, pet. in-4, (figures d'après Holbein). Premier tirage de ces planches si estimées.

Reliure de THIBARON-JOLY, en MOSAÏQUE et DOUBLÉE. L'extérieur en maroquin rouge, avec une multitude de petits caissons de maroquin vert, portant chacun une rosace dorée. Avec cet extérieur brillant contraste le simplicité sombre de la doublure, maroquin brun avec unique filet d'or.
Dans un étui très-original, simulant une parfaite reliure en maroquin brun janséniste.

38. ŒUVRES DE CLÉMENT MAROT. Griffe , 1538. Édition corrigée par Rabelais , in-8.

Relié en maroquin rouge trois filets, par TRAUTZ.

39. ŒUVRES DE CLÉMENT MAROT. Lyon , François Juste , imprimé par Jean Barbou, 1539, in-8 carré.

Reliure de THOUVENIN, maroquin rouge, compartiments sur les plats, DOUBLÉE de maroquin rouge, dentelle intérieure.
Exemplaire de CHARLES NODIER, LÉOPOLD DOUBLE et CLINCHAMP.

40. LE GRAND COUSTUMIER DE FRANCE, imprimé par Estienne Caveillée, 1539 , in-8 (gothique) , avec la planche dite *l'arbre d'affinité.*

Reliure de Thibaron, maroquin brun.

41. FREGULPHI EPISCOPI LEXOVIENSIS CHRONICORUM TOMI II. Arnold Birckman , 1539 , 2 tomes en un vol. in-fol.

Reliure en veau fauve composée pour THOMAS MAÏOLI, dont elle porte le nom et la devise. Les plats sont ornés d'élégants entrelacs style Renaissance.
Exemplaire LÉOPOLD DOUBLE.

42. LES LUNETTES DES PRINCES , avec aulcunes balades et additions nouvellement composées par noble homme Jehan Meschinot, escuyer, en son vivant grant maistre d'hôtel de la royne de France. Paris, Jehan Bignon , 1539, petit in-8.

Exemplaire de CHARLES QUINT ; cette provenance extrêmement intéressante , et de plus , fort piquante appliquée au livre des *Lunettes des Princes,* en fait un des livres les plus précieux de la bibliothèque.
La reliure est en cuir tanné. Elle représente sur le plat recto un encadrement dans lequel se trouve, gaufrée *à froid,* (lisez *à chaud,*

mais sans dorure), la représentation d'un empereur d'Allemagne avec la couronne, les colonnes d'Hercule et l'aigle à deux têtes. Au dessous se lisent les mots : *Plus Oultre*, et : *Carolus V. imp,* Sur le plat verso quatre effigies d'empereurs.

La fraîcheur et la conservation du livre sont parfaites. Le papier est sonore, comme un papier qui n'a jamais été passé à l'eau ; car le lavage l'amollit et lui fait perdre cette qualité de son particulière. Un livre lavé est naturellement moins estimé que celui qui ne l'a jamais été.

Or, on raconte l'histoire d'un certain relieur contemporain, d'ailleurs fort habile, qui, trouvant que certains papiers étaient trop difficiles à battre, les assouplissait tout simplement en les faisant tremper dans l'eau ! Sauvage ! impie ! traître ! assassin !

O cosaque, voleur, chauffeur, routier, bulgare!

Quand on l'apprit, cette révélation fit frémir tout Paris. (Tout Paris, en cette matière, c'est vingt-cinq personnes).

Trop heureux encore s'il a *battu* les livres au lieu de les *laminer*.

Comprenez-vous après cela pourquoi l'envoi à la reliure est un acte si grave ? C'est engager pour toujours la destinée d'un livre : on ne sait jamais ce qui peut survenir. C'est aussi préoccupant que, pour une mère, de conduire sa fille à l'autel.

43. PRINCIPIA ELEMENTARIA JUVENIBUS MAXIME ACCOMMODATA. Les principes et premiers éléments de la langue latine, etc. Parisiis, apud Simonem Colinæum, 1540, in-8. Etc.

Réunion d'un grand nombre d'opuscules traitant d'observations grammaticales sur les langues latine et française, formée par RENOUARD qui l'a fait relier en maroquin bleu, encadrement à froid sur les plats.

44. JOHANNIS SECUNDI HAGENSIS OPERA. Trajecti Batavorum, 1541, in-8.

Maroquin bleu, filets, par Thibaron.

Livre curieux, qui donne la première édition des *Baisers* de Jean Second.

45. PRAXIS CRIMINIS PERSEQUENDI, elegantibus figuris illustrata, par Jean Millœus. Paris, Simon de Colline, 1541, pet. in-fol.

Ce volume contient, outre le frontispice, dix-huit grandes planches très-bien gravées sur bois, dont une (la septième), porte la marque de Geoffroy Tory.

Elles représentent les diverses phases d'une procédure criminelle au seizième siècle. Et ce n'est pas doux, je vous en réponds !

Voilà donc un livre très à sa place dans la bibliothèque d'un amateur qui fut dix ans juge d'instruction au tribunal de la Seine.

Mais s'il y avait à faire un rapprochement entre les pratiques de l'instruction criminelle d'autrefois et celles d'aujourd'hui, ce ne pourrait être que pour constater l'extrême mansuétude des esprits, à l'heure actuelle. Nous sommes peut-être allés un peu loin dans la voie de l'apitoiement sur ces bons criminels et de l'amélioration de leur sort. Nos aïeux étaient féroces, nous sommes douceâtres.

Nous avons cherché, infructueusement, si ce guide du magistrat instructeur prescrivait ce qu'on appelle aujourd'hui la reconstitution du crime. C'est décidément une invention moderne. Reconstituons ! Reconstituons !

La reliure est en maroquin de couleur rouge ancien, par Lortic, qui s'est avisé de mettre sur les plats de cet espèce de manuel de la torture un encadrement de peau humaine (il avait un procès-verbal à l'appui, attestant sa provenance : n'en doutons donc point), semée de haches, de têtes de mort, de glaives et de balances !

46. PARAPHRASE, c'est à dire claire et briefve interprétation sur les psalmes de David, par Capensis. Lyon, Estienne Dolet, 1542, pet. in-8.

Exemplaire de HENRI III, relié en maroquin brun. On voit sur le plat recto la fleur de lys, le Saint-Esprit, et la Passion, avec la devise : *Spes mea Deus.* Sur le plat verso les armes de France et Pologne, avec les colliers de l'ordre, et la couronne royale qui porte *Manet ultima cœlo.* Le dos est semé de larmes, de fleurs de lys au milieu desquelles se voit la tête de mort. Toute cette ornementation était en argent qui s'est oxydé. Au verso du titre, il y a une écriture du temps, l'indication d'hymnes.

47. DES TUMEURS OULTRE LE COUSTUMIER DE NATURE. Autheur, Galien. Lyon, Estienne Dolet, 1542, in-8.

Relié par Lortic, maroquin rouge janséniste.

48. APHORISME D'HYPOCRATE, prince des Médecins, traduyctz en françois par Jehan Brèche de Tours. Paris, Kerner, 1550, in-12.

Reliure de Thibaron-Joly, maroquin La Vallière, trois filets.

49. Devises héroïques par Claude Paradin. Lyon, 1557, première édition, in-8.

En vieux veau.

50. TRAICTÉ DE LA GRAMMAIRE FRANÇOISE, par Robert Estienne, 1557, in-8.

Livre recherché.
Reliure de TRAUTZ, maroquin rouge janséniste.

51. L'HISTOIRE ENTIÈRE DES POISSONS, avec leurs « pourtrais au naïf », par Rondelet (le Rondibilis de Rabelais). Lyon, Macé Bonhomme, 1558, deux tomes en un vol. in-fol.

Maroquin brun, aux armes et chiffre du COMTE D'AUVERGNE, fils de Charles IX et de Marie Touchet.

52. Trattato del mal francese, par Pietro Rossinio. Venetia, 1559, pet. in-8.

> Reliure du temps en vélin vert.

53. FRAGMENTA POETARUM VETERUM LATINORUM..., etc. Henri Estienne, 1564, in-8.

> Veau fauve en compartiments. Reliure de la fin du XVIe ou du commencement du XVIIe siècle.

54. LES ŒUVRES DE JOACHIM DU BELLAY, première édition collective, 1573, in-8.

> Reliure du temps, en vélin blanc, filets.
> Exemplaire très-frais.

55. TORTOREL ET PERRISSIN. Premier volume contenant 40 tableaux ou histoires diverses qui sont mémorables touchant les guerres, massacres et troubles advenus en France en ces dernières années. Le tout recueilli selon les témoignages de ceux qui y ont esté en personne et qui les ont veus, lesquels sont pourtrais à la vérité. In-fol.

> Reliure en vélin, du temps.
>
> Un des exemplaires les plus purs de ce recueil célèbre, car les gravures sont tirées sur un papier qui n'a nullement souffert, et elles n'ont subi aucune réparation.
> On sait que les gravures furent tirées sans le texte, lequel était imprimé ensuite sur les épreuves, en français, ou en allemand, ou en espagnol, ou même en italien; sans que ces différences préjugent la qualité des épreuves. Ici, il est en allemand.

56. TABLEAU DES GUERRES CIVILES, depuis 1551 jusqu'à 1581. Recueil de planches dues en grande partie à F. Hogenberg et à Ar. de Huberta. In-4 oblong.

> Reliure de DEROME, en maroquin rouge.
> Les 32 premières planches sont des réductions de Tortorel et Perrissin; les autres sont relatives aux troubles de Flandre et des Pays-Bas.
> Le total des estampes est de 144.

57. LES PREMIÈRES ŒUVRES DE PHILIPPES DESPORTES AU ROY DE FRANCE ET DE POLONGNE. Paris, Mamert Patisson, 1583, in-12.

> Reliure de TRAUTZ, en maroquin rouge trois filets, joli dos plat, orné de branches de feuillages à petits fers.

58. La Gierusalemme liberata , con le figure di Bernardo Castello , 1590, in-4.

Reliure en maroquin rouge par Lortic, compartiments sur les plats à froid et dorés.

59. LA SATYRE MÉNIPPÉE , 1593 , in-8.

Première édition.
Ouvrage précieux dans une très-belle reliure de Cuzin, en mosaïque et doublée. L'extérieur en maroquin citron, avec applications de mosaïques brunes, rouges, et bleues, au nombre de neuf cent cinquante. L'ornementation représente des caissons où figurent alternativement la croix de Lorraine et des lys épanouis. L'intérieur en maroquin rouge, guirlande XVIe siècle.
Étui en maroquin rouge, doublé de peau de chamois.

60. LAZARILLE DE TORMES , par Hurtado de Mendoza. Anvers , Jean Seim , 1598 (avec la seconde partie) , in-12.

Reliure de Trautz, maroquin rouge janséniste, doublée de maroquin citron, dentelle intérieure.

LIVRES DIVERS

XVIIᵉ SIÈCLE.

ORPUS JURIS CIVILIS, Genève, ex officina
Vignoniana, 1602, in-fol.

Reliure ancienne en maroquin orange, filets sur les
plats et sur le dos, avec les secondes armes et le chiffre
de J.-A. DE THOU. Agrafes.

Nous avons expliqué dans la préface à quel usage original sert
ce colossal volume.

62. OBSERVATIONS DE MADAME BOURGEOIS, dite Boursier, sur
la stérilité, pertes de fruict, fœcondité, accouchements et
maladies des femmes et enfants nouveau naiz. Paris,
Saugrain, 1609, in-8, portraits de Mᵐᵉ Bourgeois, et de
Marie de Médicis, dont elle était la sage-femme.

Reliure de Thibaron, maroquin brun.

Les portraits sont de Thomas de Leu.

63. Les **Hermaphrodites**, accouchement des femmes et traitement qui est requis pour les relever en santé et bien élever leurs enfants, par maistre Jacques Duval. Rouen, David Geuffroy, 1612, in-8 ; portrait de l'auteur.

Reliure de Thibaron, maroquin brun janséniste.

Ce livre a été supprimé et brûlé.

64. LE POT AUX ROSES DESCOUVERT, ou le rabais des filles d'amour. Paris, Nicolas Alexandre, 1615, in-8.

Cette plaquette de quatorze pages est dans une exquise reliure de Trautz ; ce qui en fait immédiatement un livre de valeur.

65. LES ŒUVRES DE MAISTRE ALAIN CHARTIER, Paris, Samuel Thiboust, 1617, in-4.

Veau ancien.

Exemplaire précieux, car il a appartenu à François de Malherbe, dont il porte les armes et la signature, *Malherbe de Saint-Agnan*, au bas du titre.

66. LES CAQUETS DE L'ACCOUCHÉE, 1623 (première édition), in-8.

Saluez, Messieurs !

Saluez la reliure, merveille due à la main de Trautz !

Elle est en mosaïque et doublée.
L'extérieur est en maroquin La Vallière, incrusté de maroquin bleu, brun et rouge ; l'ornementation forme des filets brisés, dont les capricieux zigzags entourent une foule de petits compartiments au milieu desquels se voient des fleurons et des hochets. Comme vigueur et beauté de travail, c'est incomparable.
L'intérieur est bleu, orné d'une large dentelle XVIIe siècle.
Dans un étui.

Mais aucune description ne saurait rendre l'effet produit : il faut voir par ses yeux !

67. Les **Métamorphoses** ou l'Asne d'or de l'Apulée, philosophe platonique. Paris, Samuel Thiboust, 1623, in-8.

Premier tirage très-rare de cette édition, ornée des figures de Crispin de Passe.
Reliure ancienne en maroquin rouge.

Exemplaire de Renouard.

68. Emblemata Johannis de Brunes. Amsterdam, 1624. In-4.

>Superbes épreuves de premier tirage. Le livre est dans sa vieille reliure en parchemin.

69. Les Aventures du baron de Féneste au désert, Agrippa d'Aubigné, 1630, in-8.

>Première édition complète.
>Reliure du temps, au chiffre et aux armes de Beauville-la-Verny.

70. LA VIE DE JACOB ALMANÇOR, roi d'Arabie, traduite d'espagnol en françois par le sieur de Vieux-Maisons, gentilhomme ordinaire de la Chambre du Roy. Paris, Clousier, 1638, in-8.

>Exemplaire de dédicace au roi Louis XIII, relié en vélin, filets avec les armes royales sur les plats.

71. LES SAINCTES PRIÈRES DE L'AME CHRESTIENNE, escrites et gravées après le naturel de la plume, par P. Moreau. Paris, 1649, in-8. Texte gravé, encadrements et vignettes.

>Reliure de Le Gascon, en maroquin rouge entièrement couvert de dorure pointillée; doublée de maroquin vert, riche ornementation intérieure.
>Tranche ciselée en couleur.
>Provenance : Turner.

72. LA BIBLIOTHÈQUE D'ARÉTIN. Cologne, Pierre Marteau, 1660, in-12.

>Reliure doublée, par Trautz. L'extérieur en maroquin rouge janséniste; l'intérieur bleu, large dentelle à petits fers.

73. Laus ululæ (éloge de la Chouette), ad conscriptos ululantium. Glaucopoli (1660 env.), in-32. Impression hollandaise, avec frontispice.

>Reliure ancienne.

>Cet *Eloge* est particulièrement bien placé dans la bibliothèque d'un collectionneur qui a adopté la chouette pour emblème.

La chouette orne les menus de ses dîners, gravés par Chauvet.

Elle orne aussi son premier ex-libris, lequel est gravé. Est-ce pour faire dire qu'il apporte au choix de ses livres une sagesse digne de Minerve, ou plus simplement, comme le pense subtilement notre ami Piet, pour insinuer que tout volume qui fait partie de sa bibliothèque l'est forcément ... chouette ?

Eugène Paillet, depuis, a eu un autre ex-libris, doré au fer ; c'était un simple ovale avec son nom qu'il avait eu l'idée de mettre en caractères grecs : Εκ βιβλιων Ευγενης Παιλλετ. Mais ce grec était d'apparence un peu formidable.

Donc, Euguénès revint a son premier ex-libris gravé, et c'est celui-ci qui assurera désormais aux livres sur lesquels il est apposé l'estime des connaisseurs éprouvés.

74. DICTIONNAIRE DES PRÉCIEUSES par de Somaize, 1661, trois parties en un vol. in-8, frontispice gravé.

Reliure de THIBARON-JOLY, DOUBLÉE. L'extérieur, vert janséniste, l'intérieur orange avec large dentelle et filets.

Ce qui fait le sel de cet ouvrage, c'est que le sieur Somaize le publia dans le but de faire pièce à Molière et de contrebattre l'effet des *Précieuses ridicules*. Somaize avait aussi écrit dans la même intention, une comédie : *les Véritables Précieuses*.

75. DESCRIPTION DE L'ARC DE LA PLACE DAUPHINE, présentée à Son Éminence. Paris, Pierre Lepetit, 1660, Frontispice de Lebrun gravé par Chauveau. Pet. in-fol.

Parchemin à filets dorés. Armes de FOUQUET sur les plats. Provenance très-estimée.

76. GRAMMAIRE GÉNÉRALE ET RAISONNÉE (dite Grammaire de Port-Royal). Paris, 1660, in-12.

Reliure de Thibaron-Joly, maroquin brun janséniste.

77. LES BIGARRURES ET LES ESTREIGNES DIJONNOISES, par Tabourot, seigneur des Accords. Cottinet, 1662, in-12.

Relié par TRAUTZ, maroquin citron, trois filets.

78. HISTOIRE DU VIEUX ET DU NOUVEAU TESTAMENT, représentée avec des figures par le Sr de Royaumont. Paris, 1670.

GRAND PAPIER. Exemplaire bien conforme à la description de Brunet.

Reliure de Du Seuil, maroquin rouge trois filets, dos orné, doublée de maroquin rouge, dentelle intérieure, tranche dorée.

78bis. Advis fidèle aux véritables hollandais touchant çe qui s'est passé dans les villages de Rodegrave, etc., 1673. In-4. Gravures de Romin de Hóoge.

Relié sur brochure par Lortic, maroquin brun janséniste.

79. LA PRINCESSE DE CLÈVES, par Madame de La Fayette. Paris, Barbin, 1678, 4 parties en 2 vol. in-8.

Reliure de Trautz, maroquin bleu, compartiments Du Seuil.

80. REFLEXIONS SUR LA MISÉRICORDE DE DIEU (par Melle de La Vallière). Paris, 1680 (première édition), pet. in-8.

Reliure de Trautz, en maroquin *La Vallière janséniste* (ce calembour par le maroquin était inévitable !), doublée de maroquin rouge, large dentelle intérieure avec cœurs, formant croix dans les angles.

81. Comédies de Plaute, traduction de Melle Le Fèvre (Madame Dacier). Paris, Thierry, 1683, 3 vol. in-12.

Excellente reliure ancienne en maroquin rouge, filets sur les plats et sur le dos.

82. Devoirs des maistres et des domestiques, par Claude Fleury, 1688, in-12.

Reliure de Cuzin, maroquin orange, trois filets.

83. Histoire de la Conjuration de Portugal (par l'abbé de Vertot). Paris, 1689, in-12, front.

Relié par Trautz, maroquin rouge, chiffre et couronne du comte Roger (du Nord).

84. De la Génération de l'homme, ou tableau de l'amour conjugal, par M. Nicolas Venette. Cologne, Claude Joly, 1696, in-8.

Maroquin citron, trois filets, par David.

85. Mémoires de M. d'Artagnan, Capitaine-lieutenant de la

première Compagnie des Mousquetaires du Roy. Cologne, Pierre Marteau, 1700, 3 vol. in-12.

Maroquin rouge, trois filets (Allô).

On sait que ce livre a été mis en valeur par la publication des *Trois Mousquetaires* de Dumas.

Passons maintenant aux elzevirs, que nous mettons sous une rubrique spéciale, parce qu'ils forment, dans la grande religion du livre, une petite église à part, qui a ses fidèles. (Quant aux aldes, ils sont présentement dans le quatrième dessous).

ELZEVIRS

ET

ÉDITIONS DE HOLLANDE.

alluste. Leyde, 1634.

>Reliure de Brany, maroquin brun.

87. JULES CÉSAR. Leyde, 1635.

>Bel exemplaire du Dr DANYAU.
>Reliure ancienne en maroquin citron.

88. VIRGILE. Leyde, 1636.

>Maroquin vert ancien.

89. Institutions impériales. Amsterdam, 1640.

>Maroquin rouge, par Brany.

90. L'ILLUSTRE THÉATRE DE M. CORNEILLE. Leyde, 1644.

>Reliure de TRAUTZ, en maroquin rouge, compartiments sur les plats : DOUBLÉE de maroquin bleu, large dentelle intérieure à petits fers.
>Un des cinq exemplaires connus avec le titre rarissime et *Horace* daté de 1641.
>Des bibliothèques SENSIER, PIXÉRÉCOURT, MONTESSON, BORDES et BENZON.
>Payé 6600 francs à la vente Benzon.

91. Mémoires de Philippe de Commines. Leyde, 1648.

Taille : 130^{mm} 1/2.
Reliure par Trautz, en maroquin rouge, compartiments cintrés sur les plats, avec semis de fleurs de lys.

92. L'Escole de Salerne, 1651. Elzevier.

Exemplaire Yemeniz.
Relié par Trautz, maroquin rouge, compartiments sur les plats.

93. Les Satyres et autres œuvres du sieur Regnier. Leyde, 1652.

Exemplaire de Nodier et du Président Pasquier.
Taille : 128^{mm}.
Relié par Bauzonnet, maroquin rouge, filets.

94. LE PASTISSIER FRANÇOIS. Amsterdam, 1655.

Reliure de Trautz, en maroquin citron, filets cintrés genre Du Seuil sur les plats, doublée de maroquin bleu, compartiments intérieurs au pointillé genre Le Gascon.
Exemplaire de Quentin-Bauchart.

Comment parler en termes suffisamment élevés de ce livre fameux, célébré par les bibliophiles à cause de sa rareté, conspué par les profanes à cause de son objet, qui s'est élevé en ces derniers temps à des prix catapultueux ? (10.000 francs, non rogné. Et encore, il y avait un fleuron qui n'était pas celui de l'édition ordinaire. Angoisse de l'acheteur. Serait-ce une contrefaçon ? Il est fortement tenté de rendre son livre au libraire qui le lui a vendu. Refus de celui-ci. Nomination d'experts. Examen minutieux, docte et raisonné du bouquin. Verdict solennel d'acquittement. Ce n'est pas une contrefaçon. Ça vaut les 10.000 comme un sou. Trop heureux encore, que l'amateur ne soit pas condamné à payer une soulte au libraire !) Non ! la prose est trop vile en telle occasion; sans qu'il soit nul besoin d'exercer de pression les mots tout seuls en rang tendent à s'aligner

Pour te cataloguer en vers, ô *Pastissier !*

Oui, bien que tu ne sois qu'un livre de cuisine,
Pour toi l'on donnerait et Molière et Racine,
On donnerait Corneille, on donnerait Victor
Hugo, Zola, Coppée, et Lamartine encor,
(Juge un peu !). Pour t'avoir, avec ta reliure
De Trautz, aux plats divins, à suave doublure
A petits fers poussés d'une impeccable main,
On donnerait tout, quoi ! sa chemise et son pain.
Mais est-il donc besoin d'insister davantage ?
Et n'a-t-on pas montré pour toi combien peu sage
Est le collectionneur mordu par le désir ?

RÉCIT DE NOTRE AMI.

« Il était chez Bauchart. Je dus le lui ravir,
« Mais l'attaquer de front ce n'était pas à faire :

« Un mouvement tournant fut jugé nécessaire,
« C'est-à-dire, un échange. Il me fallut chercher
« Dans mes livres, lequel pourrait bien le tenter.
« — J'avais un *Coquillart* (un *Coquillart* volage
« Adroitement saisi par moi dans le Passage
« Tout exprès dans l'espoir d'allécher un copain :
« Je comptais le céder avec honnête gain.
« Les livres , comme nous , suivent leur destinée
« *Habent sua fata !* modeste ou fortunée.
« Celle de *Coquillart* fut de changer de main ,
« Un jour chez celui-ci , chez celui-là demain.)
« Il me le prit. Parfait ! — Mais ici, ça se corse,
« A ce jeu, comme moi, notre homme était de force
« Et se gardait — Jugeant où j'en pourrais venir,
« Il me tenait, braquant sur moi son elzevir ,
« Exigeant en retour mon *Roman de la Rose*
« De Galliot du Pré ! Doublé !! Par Trautz !!! — La chose
« Devenait bien visible : il me faisait *monter*
« *A l'arbre.* — Pour son livre il feignait de lutter,
« Vantant sa taille énorme et sa fraîcheur exquise,
« Le grain du maroquin : la peau d'une marquise
« N'est pas si douce, (*sic*).... J'étais sur le charbon.
« Quand on perd son sang-froid , il vous en coûte bon !
« Mon *Roman* partit donc , englobé dans l'orgie.
« Je n'étais pas au bout ! — J'avais l'*Apologie*
« *Pour Hérodote ,* en reliure ancienne , amour
« De livre provenant de chez la Pompadour.
« Il me le soutira ! — J'avais, (le cœur m'en saigne,
« Mais il est bien trop tard pour qu'à présent je geigne) ,
« Un *Virgile* elzevir, (c'était un joli coup
« Fait chez Baillieu), dans un ravissant Padeloup,
« Un Padeloup frais, pur, intact, EN MOSAIQUE !!
« Il me l'extirpa net, spéculant, — le cynique !
« Sur mon désir brûlant du bouquin tentateur.

MORALITÉ.

Ah ! qu'une affaire est dure avec un amateur !

95. LE CUISINIER FRANÇAIS, par le Sieur de la Varenne. A la Haye , chez Adrian Vlacq, 1656 (première date).

Avec le frontispice, rare.
Reliure de Lortic, en maroquin rouge, trois filets : DOUBLÉE de maroquin bleu, roulette intérieure.

Le *Cuisinier* en reliure doublée est un bon livre assurément. Mais il reste toujours à cent piques au-dessous du *Pastissier*.

Le *Pastissier* est de premier ordre, indiscutable : il tient la position, l'assiette au beurre, et il la garde.

Affaire de rareté.

96. LES LETTRES DE M. DE VOITURE. Amsterdam , Jean de Ravesteyn , 1757, in-12.

Bien complet et conforme à la description de Brunet.
Maroquin bleu janséniste, par Cuzin.

97. LE PARNASSE SATYRIQUE, 1660. — LE CABINET
SATYRIQUE, 1666 ; ensemble 3 vol.

> Taille : 129^{mm}.
>
> Délicieuse reliure de TRAUTZ, en maroquin saumon janséniste ;
> DOUBLÉE de maroquin de même couleur, large dentelle intérieure à
> petits fers.
>
> Ces petits volumes sont absolument suaves.

98. Histoire du Roy Henry le Grand, par Hardouin de
Péréfixe, Amsterdam, 1664.

> Reliure de Capé, avec semis de fleurs de lys et armes de France et de
> Navarre sur les plats.

99. SENTENCES ET MAXIMES DE MORALE, par La
Rochefoucauld ; La Haye, Jean et Daniel Steucker, 1664.

> Première et précieuse édition.
> Reliure ancienne en veau.
> Acheté 5100 fr., vente ROCHEBILLIÈRE.

100. Claudiani opera. Amsterdam. 1665, in-8.

> Maroquin rouge janséniste, doublé de tabis, par Andrieux.

101. IL DECAMERON DI MESSER GIOVANNI BOCCACI, in Amster
damo, 1665.

> Exemplaire de CAMERATA.
> Reliure de Thompson. maroquin rouge, filets Du Seuil ; DOUBLÉE
> de maroquin rouge, roulette et filets intérieurs.

102. HISTOIRE AMOUREUSE DES GAULES, par Bussy-
Rabutin. Liège, à la Croix de Malte. Sans date, in-12.
(Cette édition, attribuée aux Elzevirs, passe pour être la
première). Vers 1665.

> Exemplaire très-grand, avec témoins.
> Reliure de CAPÉ, en MOSAÏQUE, maroquin citron, avec d'élégants
> entrelacs en maroquin verts foncés, dorure Le Gascon. Dans un étui
> en maroquin vert.

103. LA CHRONIQUE SCANDALEUSE, ou Paris ridicule, par
Le Petit. Cologne, Pierre de La Place, 1668.

> Maroquin orange, trois filets, par TRAUTZ.

104. La Sainte Bible, Amsterdam, Louis et Daniel Elzevier, 1669, 4 parties grand in-fol., papier impérial.

> Remarquons ce format considérable qui est tout à fait insolite pour un elzevir.
>
> Reliure du temps à dix nerfs, en maroquin rouge, compartiments sur les plats, dos orné.

105. LE COLLOQUE AMOUREUX, ou dialogues familiers où est remarquée l'astuce et finesse des garçons et la fragilité des filles. Cologne, Pierre Du Marteau, 1670.

> Petit livre très-rare et amusant, mais, par exemple, fort vif!
>
> Exemplaire de Nodier, relié par Deromb en maroquin vert, encadrements sur les plats.

106. ROGER BONTEMPS EN BELLE HUMEUR. Cologne, Pierre Marteau, 1670.

> Joli frontispice.
>
> Taille: 134^{mm} (énorme!).
>
> Reliure doublée, de Thibaron-Joly, maroquin rouge janséniste; l'intérieur en maroquin vert foncé, riche dorure imitée de Le Gascon.

107. Quinte Curce. Elzevier, 1670.

> Broché du temps, non rogné.

108. Valère Maxime. Elzevier, 1671.

> Broché du temps, non rogné.

109. Histoire de l'état présent de l'empire Ottoman, par Briat. Amsterdam, Wolfganck, 1671.

> Reliure en vélin blanc.
>
> Exemplaire de Brunet.

110. Abrégé chronologique de l'histoire de France, par Mézeray. Amsterdam, Wolfgang, 1673-1720, 9 vol. petit in-8, fig.

> Exemplaire Yemeniz, très-complet, car il contient l'histoire de France avant Clovis, et la continuation de Mézeray, avec les règnes de Louis XIII et de Louis XIV.
>
> Reliure genre Simier, maroquin bleu, compartiments à froid sur les plats.

111. ŒUVRES DE MOLIÈRE. Amsterdam, Jacques Lejeune, 1675, 5 vol. in-12.

> Taille : 133^{mm} (un des exemplaires les plus grands connus.)
> Toutes les dates des pièces sont antérieures à 1675, date du titre collectif.
> Reliure de Capé, maroquin rouge, compartiments sur les plats.

112. LA CLEF DU SANCTUAIRE (par Spinoza). Leide , 1678. — Réfutation des erreurs de Spinoza , par M. de Fénelon. Bruxelles, 1881. 2 vol. in-12.

> Veau fauve.

> Le premier volume contient les trois titres, c'est-à-dire, outre *la Clef du Sanctuaire : Réflexion curieuse d'un esprit désintéressé,* et *Traité des Cérémonies superstitieuses des juifs.*

112bis. TITE-LIVE. Amsterdam, 1678 (premier tirage).

> Taille : 144^{mm}.
> Exemplaire D'HANGARD.
> Reliure du XVIIIe siècle, maroquin rouge, doublé de tabis.

113. LA VILLE ET LA RÉPUBLIQUE DE VENISE , par le sieur de S. Disdier. Amsterdam , 1680.

> Exemplaire de PIXÉRÉCOURT.
> En maroquin vert, par Lortic.

114. SI LA TORTURE est un moyen seur à vérifier les crimes secrets ; dissertation morale et juridique par Augustin Nicolas, conseiller du Roi. Amsterdam , chez Wolfgang , 1682 , in-8.

> En vélin blanc du temps.
> Exemplaire de LA REYNIE, portant sa signature à l'intérieur du volume.

115. ZISKA LE REDOUTABLE AVEUGLE.... avec l'histoire des guerres dans le royaume de Bohême. Leyde , chez Jacques Moukée , 1685, frontispice et portrait.

> Reliure de TRAUTZ, maroquin rouge janséniste.

116. LE COCHON MITRÉ, dialogue (pamphlet contre Louis XIV, Mme de Maintenon et l'archevêque de Reims Le Tellier), 1689, avec une gravure.

> Reliure de TRAUTZ, maroquin citron, trois filets, avec cartouche d'ornements dans le milieu duquel est la représentation du cochon mitré.

117. LES HEURES FRANÇAISES, ou les Vespres de Sicile et les Matinées de la Saint-Barthélemy. Amsterdam, Michils, 1690.

> En maroquin bleu, trois filets, par TRAUTZ.

118. LES ŒUVRES DE M. PRADON, 1695, édition elzévirienne avec toutes les pièces de bonne date.

> Reliure de Simier, maroquin rouge, compartiments sur les plats, doublée de tabis.
> Exemplaire de PIXÉRÉCOURT.

119. THOMÆ A KEMPIS DE IMITATIONE CHRISTI LIBRI QUATUOR. Leyde, Elzevier, sans date.

> Taille : 131^{mm}.
> Reliure DOUBLÉE, de Lortic, en maroquin brun, compartiments sur les plats ; l'intérieur en maroquin rouge, large dentelle à petits fers.

120. LES POÉSIES GAILLARDES, galantes et amoureuses de ce temps, imprimées cette année.

> Édition hollandaise, sans date.
> En maroquin citron, trois filets, par TRAUTZ.

121. LE DESERT (*sic* pour *Le Dessert*) OU LES DÉLICES DE LA SATYRE GALLANTE. Paris, Pierre Lami. Edition elzévirienne, sans date.

> Exemplaire CICONGNE.
> Excellente reliure en maroquin bleu, trois filets, par THOUVENIN, relieur qu'on ne vantera jamais assez. Son corps d'ouvrage est admirable ; les livres peuvent s'ouvrir, et, en même temps, chose étonnante, sont de toute solidité.

122. DE LA SAGESSE, par Pierre Charron. Leyde, Elzevier, sans date.

> Reliure de TRAUTZ, maroquin brun.

123. LE MOYEN DE PARVENIR , par Béroalde de Verville ,
Édition elzévirienne de 439 pages , sans date.

Exemplaire de Rencuard.
Reliure DOUBLÉE, par Trautz, l'extérieur en maroquin citron,
compartiments sur les plats, l'intérieur en maroquin bleu, dentelle.

Nous allons maintenant nous occuper des éditions originales , qui
forment une des sections les plus passionnantes de la bibliophilie.

ÉDITIONS ORIGINALES

ANCIENNES.

ESSAIS DE MONTAIGNE, cinquième édition, (la première avec le troisième livre), 1588, in-4.

Exemplaire très-grand de marges, et sans un défaut.
Reliure du temps, en veau, petit ornement sur le dos, deux filets sur les plats.

125. ESSAIS DE MONTAIGNE, 1595, in-fol.

Première édition donnée après la mort de Montaigne, sur ses indica-tions, avec ses corrections et avec de grandes augmentations, par Mademoiselle de Gournay.
Reliure de TRAUTZ en maroquin rouge janséniste, DOUBLÉE de maro-quin rouge, encadrement intérieur.

126. LES SATYRES DE MATHURIN RÉGNIER, seconde édition, 1609.

Exemplaire non cartonné, mais contenant le carton.
Reliure du temps, en vélin.

On sait que de la première édition il n'existe que deux exemplaires connus, appartenant à la Bibliothèque nationale et à M. de Ruble.

127. ŒUVRES DE FRANÇOIS DE MALHERBE. Paris, Chappellain, 1630, petit in-4.

Première édition.
Reliure de LE GASCON, en maroquin bleu, compartiments sur les plats.

128. DISCOURS DE LA MÉTHODE, plus la Dioptrique, les Météores et la Géométrie, qui sont des essais de cette méthode (par Descartes), Leyde, 1637, petit in-4.

> Édition originale.
> Reliure de THIBARON-JOLY, en maroquin rouge janséniste, DOUBLÉE de maroquin de la même couleur, dentelle intérieure.

129. DES PASSIONS DE L'AME, par Réné Des Cartes. Paris, Henry Le Gras, 1649, in-8.

> Maroquin brun janséniste, par Thibaron.

130. REMARQUES SUR LA LANGUE FRANÇAISE, par Vaugelas, 1647, in-4.

> Édition originale.
> Reliure de Cuzin, maroquin vert janséniste.

ÉDITIONS ORIGINALES DE CORNEILLE.

131. HORACE, 1641.

132. CINNA, 1643.

133. POLYEUCTE, 1643.

134. LA MORT DE POMPÉE, 1644.

135. LE MENTEUR, 1644.

136. LA SUITE DU MENTEUR, 1645.

> Les six pièces, in-4, sont reliées par Duru ou Thibaron, en maroquin rouge janséniste.

137. THÉATRE DE PIERRE CORNEILLE. Paris, Guillaume de Luine, 1682, 4 vol. in-12.

> Dernière édition revue et donnée par Corneille.
> Exquise reliure de BOYET, en maroquin rouge janséniste, et DOUBLÉE de maroquin rouge, dentelle intérieure.
> Ce joli et précieux livre est une véritable trouvaille, faite dans la librairie de Fontaine.

---

138. Le Jardin des Racines grecques. Paris, Pierre Le Petit, 1657, in-8 (édition originale).

Maroquin rouge janséniste par Brany.

139. LES PROVINCIALES, de Pascal. Cologne, Pierre de La Vallée, 1657, in-4.

Édition originale, formée par la réunion des différentes lettres qui paraissaient successivement. La dix-septième lettre est du premier tirage et a été imprimée à Osnabruck.

Relié par Trautz, maroquin brun janséniste.

140. Les Pensées de Pascal. Paris, 1670, in-12.

Véritable édition originale.
Reliure de Trautz, maroquin brun janséniste.

141. RÉFLEXIONS OU SENTENCES ET MAXIMES MORALES, Barbin, 1665, in-12.

Première édition avouée par La Rochefoucauld.

Bel exemplaire, contenant en double le carton de la fin.

Reliure de Cuzin, en mosaïque et doublée. L'extérieur est en maroquin rouge, presque entièrement recouvert de maroquin citron, avec quinze compartiments ou médaillons de maroquin vert et bleu sur chaque plat : le maroquin citron est couvert d'une dorure au pointillé genre Le Gascon ; le tout prend l'apparence d'une pièce d'orfèvrerie émaillée. C'est un bijou, c'est un bonbon, on en mangerait. L'intérieur est rouge, large dentelle à petits fers. Dans un étui.

ÉDITIONS ORIGINALES DE LA FONTAINE.

142. FABLES DE LA FONTAINE. Paris, Barbin, 1668, petit in-4, fig.

Édition originale ne comprenant que les six premiers livres.

Magnifique exemplaire, dans une reliure de Cuzin, en maroquin rouge à compartiments Du Seuil, doublée de maroquin rouge, avec larges encadrements intérieurs.

143. FABLES CHOISIES MISES EN VERS. Paris, 1678-79-94 ; 5 vol. in-12, figures à mi-pages de Chauveau.

Première édition complète.
Exemplaire contenant les cartons.
Reliure du temps en veau brun.

144. CONTES ET NOUVELLES. Paris , Barbin , 1667 ,
2 parties en un vol.

> Première édition collective.
> Reliure de Thibaron-Joly, en maroquin rouge, compartiments
> Du Seuil sur les plats, DOUBLÉE de maroquin de même couleur, dentelle
> intérieure à petits fers.

145. Ouvrages de prose et de poésie , des Srs de Maucroy
et de La Fontaine, Barbin , 1685, in-12.

> Avec dix fables nouvelles de La Fontaine et plusieurs contes.
> Reliure ancienne en maroquin rouge, filets Du Seuil sur les plats,
> DOUBLÉE de maroquin rouge, filets et dentelle intérieurs avec fleurs
> de lys.

146. Œuvres postumes (*sic*). Paris , Pohier, 1696, pet. in-8.

ÉDITIONS ORIGINALES DE BOILEAU.

147. SATIRES DU S^r D***, Paris , 1666 , in-12.
> Édition originale.
> Maroquin rouge janséniste, par Duru.

148. Œuvres diverses du S^r D***. Paris , 1674 , in-4.
> Maroquin rouge janséniste, par Duru.

149. Satire X du S^r D***, 1694 , in-4.
> Maroquin rouge janséniste, par Thibaron.

ÉDITIONS ORIGINALES DE MOLIÈRE.

150. LE MISANTHROPE , 1667, in-12.
> Maroquin rouge janséniste, par Thibaron.

151. TARTUFFE , 1669, in-12.
> Maroquin rouge janséniste, par Duru.

152. Les Fragments de Molière. Paris , Jean Ribou , 1682,
in-12.

> Scènes retranchées dans le *Festin de Pierre*.
> Maroquin rouge janséniste, par Thibaron.

153. LE FESTIN DE PIERRE. Amsterdam, Elzevier, 1683, in-12.

> Avec la scène du *Pauvre*, entière.
> Maroquin rouge janséniste, par Thibaron.

154. ŒUVRES DE MOLIÈRE, Thierry, Barbin et Trabouillet, 1682, 8 vol. in-12, fig.

> Première édition complète dont les deux derniers volumes sont en éditions originales.
> L'exemplaire est des plus beaux (taille : 166^{mm}.)
> Reliure ancienne en maroquin rouge, trois filets, dos orné.

———

ÉDITIONS ORIGINALES DE RACINE.

155. IPHIGÉNIE, 1675, in-12.

> Reliure du temps, veau brun.

156. ESTHER, 1689, in-4.

> Maroquin rouge janséniste, par Thibaron.

157. ATHALIE, 1691, in-4.

> Maroquin rouge janséniste, par Thibaron.

———

ÉDITIONS ORIGINALES DE BOSSUET.

158. ORAISON FUNÈBRE DE MADAME LA DUCHESSE D'ORLÉANS, 1670, in-4.

> Maroquin rouge janséniste, par TRAUTZ.

159. DISCOURS SUR L'HISTOIRE UNIVERSELLE, 1681, in-4.

> Maroquin brun, par TRAUTZ.

160. ORAISON FUNÈBRE DU PRINCE DE CONDÉ, 1687, in-4.

> Maroquin rouge, par Thibaron.
> Avec une lettre autographe du Grand Condé, d'un véritable

intérêt, écrite au maréchal duc de Gramont ; elle marque la mauvaise humeur du prince contre la Cour.

----

161. ORAISON FUNÈBRE DE TURENNE, par Fléchier, 1676, in-4.

Maroquin rouge, par Thibaron.

162. Dictionnaire françois, contenant les mots et les choses, par Richelet. Genève, Widerhold, deux parties datées, la première de 1680, la seconde de 1679, en un vol. in-4.

Maroquin vert, par Cuzin.

ÉDITIONS ORIGINALES DE LA BRUYÈRE.

163. LES CARACTÈRES DE THÉOPHRASTE, avec les Caractères ou les Mœurs de ce siècle. Paris, Estienne Michallet, 1688, in-12.

Édition originale.
Exemplaire d'une très-belle condition.
Reliure du temps, maroquin rouge, trois filets.

164. Les Caractères, 1696, in-12.

Dernière et complète édition donnée du vivant de l'auteur.
Reliure de Cuzin, maroquin rouge, janséniste.

La Bruyère a voulu s'essayer à peindre le bibliophile. Affreusement poncif, entre nous, son article! Voyez un peu comme il s'y prend pour tracer ce caractère, ou ce portrait :

« *Je vais trouver cet homme* (celui qui dit qu'il a une bibliothèque), *qui me reçoit dans une maison où, dès l'escalier, je tombe en faiblesse d'une odeur de maroquin noir dont ses livres sont tous couverts.* (Voyez-vous ça! vous êtes bien petite maîtresse, ô La Bruyère!). *Il a beau me crier aux oreilles, pour me ranimer, qu'ils sont dorés sur tranche, ornés de filets d'or, et de la bonne édition* (eh mais, ce n'est déjà pas si mal! préféreriez-vous donc qu'ils fussent de la mauvaise?), *me nommer les meilleures l'une après l'autre, dire que sa galerie est remplie, à quelques endroits près qui sont peints de manière qu'on les prend pour de vrais livres arrangés sur des tablettes et que l'œil s'y trompe,* (le trait ne porte pas ; si le fait était vrai, vous ne seriez pas chez un bibliophile, mais simplement chez M. Jourdain), *ajouter qu'il ne lit jamais* (encore un coup, qu'est-ce que cela fait ? On n'a pas besoin de lire pour s'y connaître en livres), *qu'il ne met pas le pied dans cette galerie, qu'il y viendra pour me faire plaisir* (eh bien ! il est fort aimable, cet homme!), *je le remercie de sa complaisance et ne veux non plus que lui visiter sa* TANNERIE, *qu'il appelle bibliothèque.* »

Moraliste, mon ami, vous avez perdu une belle occasion de vous taire. Vous faites peine avec votre *tannerie.* C'est tout simplement indécent. Tannerie, la bibliothèque d'un Grolier ou d'un de Thou ? *Tannerie* est d'un fiacre. Vous n'avez pas l'ombre d'idée de ce que sont les beaux livres. Il vous faut de bons gros in-folios, couverts de papier bleu, étalés en désordre sur une table, sur lesquels vous faites des pâtés d'encre en écrivant, et où vous marquez les pages qui vous intéressent en faisant des cornes. — Mais rassurez-vous, chacun connaît ces livres-là : ils s'appellent des bouquins. C'est une bibliothèque de travail ; tout le monde en a encore comme cela. Mais ce n'est point une bibliothèque de bibliophile !

Toutes les fois qu'un profane a voulu plaisanter la bibliophilie, il a été spirituel à faire pitié. Les traits lancés par les non-bibliophiles, qui se croient très fins, ne portent pas : y compris la célèbre et sempiternelle citation sur « *les fautes de la bonne édition, qui ne sont pas dans la mauvaise.* »

Bien mieux ! Un grand bibliophile, qui s'y connaissait pourtant, l'auteur du *Catalogue de la Bibliothèque d'un amateur*, s'est laissé entraîner une fois, poussé par je ne sais quel diable, à risquer sa petite pointe : eh bien, ce jour-là, le grand bibliophile fut pitoyable. Il s'agissait de la valeur des livres à toutes marges, non coupés.

« *Il se trouve*, dit-il, *des curieux qui vous montrent avec emphase des* « *feuillets non encore séparés sans s'apercevoir que cet excès de conser-* « *vation, cette espèce d'inutile virginité d'un vieux livre n'atteste rien* « *autre chose qu'il ne méritait pas d'être lu, ou que ses possesseurs n'en* « *ont jamais su être que les gardiens.* »

Ah ! Que c'est donc joli ! D'honneur ! on se pâme.

Eh morbleu ! pas tant d'histoires. Il est si simple de dire que le livre non coupé est l'équivalent de la faïence intacte ! (1)

Le portrait que La Bruyère trace de l'Iconophile est relativement juste.

« *Voulez-vous, ajoute Démocède, voir mes estampes ? Et bientôt il les étale et vous les montre. Vous en rencontrez une qui n'est ni noire, ni nette, ni dessinée, et d'ailleurs moins propre à être gardée dans un cabinet qu'à tapisser un jour de fête le Petit Pont ou la rue Neuve : il convient qu'elle est mal gravée, plus mal dessinée, mais il assure qu'elle est d'un Italien qui a travaillé peu, qu'elle n'a presque pas été tirée, que c'est la seule qui soit en France de ce dessin, qu'il l'a achetée très-cher et qu'il ne la changerait pas pour ce qu'il a de meilleur. J'ai, continue-t-il, une sensible affliction, et*

---

(1) On a beaucoup écrit sur le goût des livres, mais on a beaucoup mal écrit. Tout cela, parce qu'on est parti d'un principe faux et qu'on cherche midi à quatorze heures, passant à côté de cette vérité si simple que nous nous efforçons de mettre en lumière et qui explique tout : à savoir que la bibliophilie est un bibelotage comme un autre.

Il est bon d'ajouter que ce bibelotage est aujourd'hui mieux raisonné qu'il ne le fut jamais, que le livre est admirablement connu, et que sous la folie apparente des bibliophiles se cache un grand fonds de savoir, de méthode et de goût.

qui m'obligera à renoncer aux estampes pour le reste de mes jours : j'ai tout Callot, hormis une seule qui n'est pas, à la vérité de ses bons ouvrages, au contraire, c'est un de ses moindres, mais qui m'achèverait Callot : je travaille depuis vingt ans à recouvrer cette estampe, et je désespère d'y réussir, cela est bien rude ! »

Très-vrai et bien observé, le type de l'amateur qui s'acharne à « faire un œuvre », que ce soit Callot ou Moreau, de Longueil ou Gavarni, et prend en dégoût toute sa collection pour avoir manqué une pièce !

Mais l'amateur d'estampes n'est pas un type aussi accentué que le bibliophile de la turbulente époque de 1872 à 1880.

---

165. SUITE DU QUATRIÈME LIVRE DE L'ODYSSÉE D'HOMÈRE, ou les Aventures de Télémaque, fils d'Ulysse. Paris, Vve Claude Barbin, sur le second perron de la Sainte Chappelle (*sic*), 1699, in-12.

Premier fragment de l'édition originale.
Superbe exemplaire : d'une taille invraisemblable ! énorme !
En vieux veau.

166. Dialogue des morts, composez pour l'éducation d'un prince, par Fénelon, 1712, in-12.

ÉDITIONS ORIGINALES DE LE SAGE.

167. CRISPIN RIVAL DE SON MAITRE, 1707, in-8.

Maroquin vert, par TRAUTZ.

168. TURCARET, 1709, in-8.

Maroquin vert, par TRAUTZ.

169. LE DIABLE BOITEUX. Paris, Vve Barbin, 1707, in-8.

Édition originale, avec le frontispice AVANT LA LETTRE.
Reliure de TRAUTZ, maroquin rouge, trois filets.

170. Le Diable boiteux, Vve Barbou, 1707.

Deuxième édition. Les chapitres ne sont pas dans le même ordre que dans l'édition ci-dessus.
Cartonné par Lemardeley.

171. Le Diable boiteux, nouvelle édition corrigée et refon-

due, imprimée à Rouen et se vend à Paris, chez Vᵛᵉ Pierre Ribou, 1726 ; 2 vol. in-12, fig.

Reliure ancienne en veau.

172. LE DIABLE BOITEUX, avec les entretiens sérieux et les béquilles dudit diable. Paris, Prault, 1737, 2 vol. in-12.

Dernière édition complètement corrigée par l'auteur. Texte définitif.
Reliure ancienne en maroquin vert, trois filets.

173. GIL BLAS. Paris, Pierre Ribou, 1715, 2 vol, — 1724, un vol., — 1735, un vol. Ensemble, 4 vol. in-8, fig.

Édition originale. Livre très-rare.
Reliure de CUZIN en maroquin rouge janséniste, DOUBLÉE de maroquin bleu, large dentelle intérieure a petits fers.

174. GIL BLAS, 1747, 4 vol. in-8.

Édition définitive.
Livre de premier ordre, vu sa condition unique : NON ROGNÉ. (Taille, 182ᵐᵐ).
Reliure de CUZIN, en maroquin rouge, trois filets, DOUBLÉE de maroquin rouge, dentelle intérieure.

---

175. ROBINSON CRUSOÉ, par Daniel De Foë. Amsterdam, 1720-21, 3 vol. in-12.

Première édition en français.
Reliure de CUZIN, en maroquin vert, encadrement XVIIIᵉ siècle sur les plats, DOUBLÉE de maroquin de même couleur, dentelle intérieure.

ÉDITIONS ORIGINALES DE VOLTAIRE.

176. LA LIGUE, ou Henri le Grand. Genève, 1723, in-8.

Édition originale de *la Henriade.*
Reliure de Lortic, maroquin rouge, trois filets.

177. HISTOIRE DE CHARLES XII, par M. de V... Basle, Christophe Revis, 1731, in-12.

Maroquin rouge janséniste, par Brany.

178. ZAYRE. 1733.

179. La Mérope française. 1744.

180. Le Siècle de Louis XIV. 1751.
Broché, avec les deux tables.

181. La Pucelle, 1756. in-8.
Reliure de Cuzin, maroquin citron janséniste.

ÉDITIONS ORIGINALES DE MONTESQUIEU.

182. LETTRES PERSANES. Cologne, Pierre Marteau, 1721, in-12, deux fleurons sur bois.
Véritable édition originale.
Reliure de Cuzin, maroquin bleu, trois filets.

183. Le Temple de Gnide. Paris, Simart, 1725, pet. in-8.
Maroquin bleu, trois filets, par Thibaron.

184. Considérations sur la grandeur et la décadence des Romains. Amsterdam, Desbordes, 1734, in-12.
Maroquin brun, par Cuzin.

185. Le même ouvrage, 1748 (édition originale pour le Dialogue de Sylla et d'Eucrate).

186. L'ESPRIT DES LOIS, 1748, 2 vol. in-4.
Véritable édition originale, avec les cartons indiqués par L. Vian dans sa bibliographie de Montesquieu. Les cartons sont en double.
Reliure de Thibaron, en maroquin rouge janséniste, doublée de rouge, large dentelle intérieure.

187. L'Esprit des Lois, 1749, in-4.
Deuxième édition. Avec la carte.
Reliure du temps en veau.

---

188. Le Jeu de l'Amour et du Hasard, par Marivaux, 1730, in-8.
Édition originale.
Maroquin rouge janséniste, par Thibaron.

189. VIE DE MARIANNE, ou les Avantures de Madame la Comtesse de ***, par M. de Marivaux, 1731-1745, 12 parties en 3 vol. in-8.

Reliure du temps, veau fauve, dos orné, avec les armes de ROHAN-CHABOT sur les plats.

190. LE GLORIEUX, par Destouches, 1732, in-8.

Édition originale.
Maroquin rouge, par Thibaron.

191. VAIR-VERT, ou les Voyages du Perroquet. La Haye, Guillaume Niégard, 1734, pet. in-8. (Première édition, qu'a désavouée Gresset.) — VER-VERT. Amsterdam, 1735 (Quatrième édition, la première donnée par Gresset), pet. in-8. Ensemble 2 vol.

Reliure de Thibaron, maroquin vert.

192. LA MÉTROMANIE, de Piron, 1738.

Édition originale.
Maroquin rouge, trois filets, par Thibaron.

193. LA RELIGION ET LA GRACE, par Louis Racine, 1742. In-8.

Reliure de Lortic, maroquin brun janséniste.

194. PETIT CARÊME, de Massillon. Vve Estienne, 1745, in-8.

Édition originale.
Reliure du temps en maroquin rouge, trois filets.
Exemplaire de MADAME DE POMPADOUR.

Les femmes bibliophiles — nous parlons de celle dont l'existence fut légère — , n'avaient pas que des livres émoustillants : elles abordaient parfaitement le livre grave.
Notre ami Bauchart fera là-dessus pleine lumière dans le curieux ouvrage qu'il va nous donner à ce sujet.

195. INTRODUCTION A LA CONNOISSANCE DE L'ES-PRIT HUMAIN, par Vauvenargues. Paris, Briasson, 1746, in-8.

Édition originale.
Reliure en veau, aux armes du MARÉCHAL DE RICHELIEU.

196. The History of Tom Jones, by Fielding. London, Millar, 1749, 6 vol. in-12.

Édition originale. Reliure de Duru en maroquin rouge, chiffre du COMTE ROGER (du Nord).

197. DE L'ESPRIT, par Helvétius, 1758, in-4.

Édition originale. — En GRAND PAPIER,
Reliure ancienne, maroquin vert, trois filets.

198. LE CONTRAT SOCIAL, par J.-J. Rousseau, 1762.

199. LE BARBIER DE SÉVILLE. Paris, Ruault, 1775, in-8.

Édition originale.
Reliure de Cuzin, maroquin rouge, trois filets.

200. Ossian, 1777.

201. ŒUVRES DE GILBERT. Paris, Le Jay, 1788, portrait.

Reliure de Cuzin, maroquin La Vallière, trois filets.

202. La Chaumière indienne, par Bernardin de Saint-Pierre. Paris, Didot, 1791, in-12.

Exemplaire en PAPIER VÉLIN.
Reliure du temps, maroquin rouge, dentelle sur les plats.

203. Voyage autour de ma chambre, par Xavier de Maistre, 1794, in-12. — Le Lépreux de la cité d'Aoste. Genève, Paschoud, 1817, in-12.

Les deux volumes en maroquin vert, par Cuzin.

Maintenant, nous allons reprendre notre série chronologique ; en nous occupant du XVIIIe siècle. Ayant dès à présent mis a part les éditions originales de classiques , on pourra facilement constater la tendance de ce siècle à aller du côté léger. Pas exclusivement, toutefois.

LIVRES DIVERS

XVIIIe SIÈCLE.

raité des Eunuques, 1707, (à la sphère), in-12.

> Relié sur brochure par Brany, demi-maroquin orange, coins.
>
> On s'est beaucoup moqué de l'auteur (Ancillon) qui a pris au sérieux la plaisanterie da Fontenelle sur Mreo et Eenegu sans reconnaître dans ces deux noms les ana-grammes de Rome et de Genève.

205. Les Agréables divertissements de la table. Lyon, 1712, in-12.

206. ÉLOGE DE L'YVRESSE, par Salengre, 1714, in-12, fron-tispice.

> En maroquin lie de vin (naturellement !) guirlande de raisins sur les plats, par Lortic.

207. RECUEIL DES PLUS BELLES CHANSONS ET AIRS DE COUR. Nou-vellement imprimé à Troyes (1718).

> Relié par TRAUTZ, maroquin rouge janséniste. Non rogné.

208. Histoire de la Papesse Jeanne , par M. de Spanheim. La Haye, Scheurleer, 1720, 2 vol. in-12 , figures.

> Maroquin brun, par Brany.

209. SATYRE MÉNIPPÉE. Ratisbonne , 1726, 3 vol. in-8.

> Bon livre dans la condition où il est ici ; relié sur brochure, en maroquin janséniste. Bon corps d'ouvrage, bien ferme. On ne peut pas l'ouvrir, et, par suite, on ne peut pas lire le dernier tiers de chaque ligne. C'est la perfection !

210. VÉNUS LA POPULAIRE , ou Apologie des Maisons de joye. Londres, chez A. Moore (c'est un calembour ceci, s'il vous plait !) 1727, in-8.

> Maroquin rouge ancien.

211. MÉMOIRES DU CARDINAL DE RETZ, 1731, 4 vol. — MÉMOIRES DE LA DUCHESSE DE NEMOURS , 1738 , 2 vol. — MÉMOIRES DE GUY JOLLY, 1738, un vol. — En tout , 7 vol. in-12.

> Reliure de TRAUTZ, rouge, janséniste.

212. APOLOGIE POUR HÉRODOTE , par Henri Estienne. La Haye , 1735 , 2 tomes en 3 vol. in-12.

> Reliure de CUZIN, sur brochure, DOUBLÉE. L'extérieur vert, l'intérieur rouge, avec large dentelle à petits fers.

213. FESTIN JOYEUX , ou la Cuisine en musique . 1738, in-8.

> Reliure en veau, aux armes de la DUCHESSE DE BOUFFLERS.

214. L'Imitation de Jésus-Christ, 1741. — La Semaine Sainte, 1751 , 2 vol. in-8.

> En maroquin ancien, aux armes de la maison d'ORLÉANS,

215. POÉSIES DU ROI DE NAVARRE , 1742 , 2 vol. in-12.

> Reliure de TRAUTZ, maroquin bleu, trois filets.

316. L'Art de se rendre heureux par les Songes, par Franklin. Francfort et Leipsick, 1746, in-12.

> Reliure ancienne en veau.

217. CATÉCHISME DES GENS MARIÉS , sans lieu ni date (par le père Féline , vers 1750), in-12.

> Relié par Lortic, maroquin rouge janséniste.

> Plaquette très-rare et fort curieuse, écrite dans les meilleures intentions, et avec une bonne foi évidente. L'auteur donne sur l'hygiène les plus sages conseils.
> Arrivé au point capital, à la grande question du *fas* et du *nefas*, il

pèse les considérations de temps, de lieu, de convenance, de nombre et de modalité, et se préoccupe des faits prodromiques et concomitants avec cette grossière sérénité de casuiste et cette prévoyance de l'invraisemblable qu'on retrouve encore aujourd'hui dans les *Codes du Cérémonial*, lorsqu'ils défendent de prendre sa viande avec les doigts ou de cracher dans son verre pour le nettoyer.

218. LA GÉNÉRATION DE L'HOMME. Londres , 1752, 2 vol. in-8.

> Reliure du temps, en veau.
> Exemplaire en GRAND PAPIER de la meilleure édition de Venette.
> Provenance : LA BÉDOYÈRE.

219. AMUSEMENTS, GAIETÉS ET FRIVOLITÉS PRATIQUES, par un bon Picard. Londres , 1753.

> Reliure de Lefèvre, mosaïque de veau.
> Exemplaire CICONGNE.

220. Croqu'étron (édition originale).

> Passons vite à un livre d'un meilleur parfum.

221. RÉVOLUTIONS ROMAINES , par l'abbé Vertot. Paris , Didot , 1753 , 3 vol. in-12.

> Reliure ancienne en maroquin rouge, trois filets, dos orné, aux armes de MADAME DE POMPADOUR.
> Voyez ce que nous avons dit plus haut, au n° 194.

222. Histoire amoureuse des Gaules , par Bussy-Rabutin , 1754 , 5 vol. titres de Choffard.

> Demi-reliure, non rogné.

223. Procès et amples examinations sur la vie de Caresme-prenant (avec les autres pièces qui y ont été ajoutées : *le Gros fessier des nourrices*, etc.), réimpression du XVIIIe siècle avec fausse date de 1605.

> Maroquin rouge, par Thompson.

224. PIÈCES ORIGINALES ET PROCÉDURES DU PROCÈS FAIT A ROBERT-FRANÇOIS DAMIENS,.... Paris , Guillaume Simon , 1757 , in-4.

> Maroquin rouge ancien, trois filets.
> Exemplaire en GRAND PAPIER, de la bibliothèque de M. BOLLIOUD, receveur général du clergé de France.

225. PIÈCES LIBRES DE M. FERRAND , 1760, in-12.

> Reliure ancienne, maroquin rouge.

226. Lettre philosophique de M. de V..., 1760, pet. in-8.

> Relié sur brochure par Cuzin, maroquin citron janséniste.

227. Nouveaux Contes en vers et épigrammes. Genève, 1765.

228. SALLUSTE, Barbou, 1770.

> Exemplaire en GRAND PAPIER.
> Reliure du temps, maroquin rouge, trois filets.

229. LE VENTRILOQUE, par M. de La Chapelle, à Londres et en France, 1772, 2 parties en un vol. in-12.

> Maroquin brun janséniste, par Cuzin.

230. Recueil de quelques comédies et chansons gaillardes, 1775.

231. Portefeuille d'un talon rouge, in-12.

> Relié sur brochure, en demi-maroquin rouge.

232. CONTES ET FABLES INDIENNES, 1778, 3 vol. in-12.

> Reliure de DEROME, veau fauve, trois filets.

233. Graves observations sur les bonnes mœurs faites par le frère Paul, hermite de Paris. Imprimerie de Linguet, 1779, in-12.

234. RECUEIL DE NOUVELLES POÉSIES GALANTES. Londres, cette présente année, 1780, pet. in-8.

> Veau moucheté.
> Exemplaire de MORANTE.
> Livre rare et amusant.

235. Lettres de cachet (par Mirabeau), 1782, 2 vol. in-8.

> Reliure du temps, maroquin rouge.

236. Les Liaisons dangereuses, par Choderlos de Laclos, 1782, 4 vol. in-12.

> Édition originale.
> Cartonné en vélin blanc, non rogné, par Lemardeley.

237. Contes théologiques, 1783. In-8.

> Maroquin citron, par Cuzin.

238. Les Muses au foyer de l'Opéra , 1783 , in-8.

Maroquin citron, par Cuzin.

239. Almanach d'un voyageur. — Guide à Paris, 1784, 3 vol. in-12.

Auteur de ces livres: Thiéry de Sainte-Colombe, grand-père de notre bibliophile.
Reliure de Lortic, rouge, janséniste.

240. Morale de Mahomet , 1784 , in-12.

Fraîche reliure de Derome, maroquin rouge.

241. Amusements d'un Septuagénaire , 1786, in-12.

Demi-reliure.

242. Lettres de Melle Aïssé, 1787 (première édition), in-12.

Relié sur brochure par Cuzin, maroquin bleu, trois filets.

243. Le petit Neveu de Vadé, 1791.

244. L'Enfant du Carnaval , par Pigault-Lebrun, 1796.

Papier vélin. Reliure du temps, en veau brun.

245. Cent pensées d'une anglaise, 1798. Frontispices.

Demi-reliure de Brany.

Tous les livres que nous avons décrits jusqu'ici sont des livres de pure bibliophilie qu'il n'est guère prudent de montrer aux profanes.

Il est déjà grave de les montrer aux initiés, car, dans le goût des livres il y a plusieurs sous-goûts, tous exclusifs, et qui ne sont pas loin de s'entre-mépriser. Pour le collectionneur d'incunables ou d'éditions originales anciennes, l'amateur de livres à figures du XVIIIe siècle est un simple parpaillot: tous deux ont pour le collectionneur de livres modernes l'œil du créole regardant le nègre.

Ce qu'il y a de bon, c'est que les uns et les autres sont considérés comme des fous par les non-bibliophiles.

Les gens qui s'y connaissent ne font pas toujours rire, c'est vrai. Mais ceux qui ne s'y connaissent pas sont constamment exaspérants. Brunet, le doux Brunet lui-même, ne peut se retenir, dans son édition de 1842, de leur lâcher cette bordée de haut style :

« Quant aux hommes trop positifs, qui ne voient dans une bibliothèque qu'un embarras sans utilité et dans un bibliophile qu'une espèce de maniaque, ils feront bien de se dispenser de nous lire, car la science bibliographique à leur usage, c'est le catalogue du cabinet de lecture où ils vont de temps en temps disputer à l'antichambre et à la loge du portier quelques volumes bien crasseux de ces nouveautés éphémères, de ces mémoires apocryphes que personne ne conserve, mais que, cependant, beaucoup de gens veulent lire. »

Lorsque vous vous êtes exterminé à leur montrer votre bibliothèque, il y a une chose que ces hurons de non-bibliophiles ne manquent jamais de vous demander, d'un ton mi-naïf, mi-narquois :

Les avez-vous lus, vos livres ?

Presque toujours le bibliophile balbutie : *mais oui…. je vous assure….,* etc.

Et les autres de jouir de leur triomphe.

En pareil cas, n'hésitez jamais : à la question traîtresse, répondez nettement la vérité :

— Non !

Et c'est vous qui jouirez de l'embarras de votre homme. — Reprenez vivement l'offensive à votre tour et posez lui cette question:

— Vous même, vous n'êtes pas sans posséder probablement, quelques plats ou quelques assiettes de vieille faïence ?
— Oui certes ; comme tout le monde aujourd'hui.
— Mangez-vous dedans ?
— Par exemple ! Pour les casser ? Je les accroche aux murs comme ornement et je les regarde.
— Eh bien, cher Monsieur, il en va de même des livres. Pour lire, je prends des volumes Charpentier ou Hachette, (deux soixante-quinze). Mais les livres rares ne sont pas des instruments de travail, ce sont des objets de curiosité précieux, faits pour être manipulés modérément et avec précaution, tout comme une porcelaine de Chine.

Croyez-moi, votre sauvage ne soufflera plus. Et voulez-vous l'achever ? Décochez-lui cet apophtegme :
— D'ailleurs un livre bien relié ne doit pas pouvoir s'ouvrir !

Cependant, il est une certaine catégorie de livres qui jouit du privilège de plaire à tous : c'est le livre à figures, le livre illustré ; il n'est en effet, nullement besoin d'être initié pour prendre intérêt à des gravures généralement charmantes.
Abordons la description détaillée de ces livres, qui font la gloire de la bibliothèque Paillet.

LIVRES A FIGURES

XVIIIme SIÈCLE.

A MANIÈRE DE SE BIEN PRÉPARER A LA MORT , par Chertablon. Anvers , 1700 , in-4 , figures de Romin de Hooge.

> Reliure ancienne, maroquin rouge , doublée de tabis.

247. LES CENT NOUVELLES NOUVELLES. Cologne , 1701 , 2 vol. in-8 , figures de Romin de Hooge.

> Exemplaire NON ROGNÉ relié par Lortic , maroquin brun.

248. L'Utopie de Thomas Morus. Leyde , 1715, in-8, figures de Bernard Picart.

> Relié sur brochure par Brany , maroquin brun.

249. LES AMOURS DE DAPHNIS ET CHLOÉ , figures du Régent gravées par Audran , 1718. Dans un exemplaire de l'édition de 1745 avec fleurons de Cochin, pet. in-4.

> Reliure ancienne en maroquin vert.
> Epreuves ayant appartenu à CHASTRE DE CANGÉ , secrétaire et ami du Régent , et qui , sous la direction du prince , fut le metteur en œuvre du *Daphnis et Chloé*. Naturellement, il a mis de côté pour son propre usage des épreuves du plus grand choix ; mais quand même on ne le devinerait pas, on serait averti par cette mention manuscrite : *Nota, Premières épreuves des estampes de S. A. R.*

Chastre de Cangé avait un autre exemplaire du *Daphnis*, celui-là à la date de 1718, annoté de sa main, et contenant le dessin original de la vignette dite des *Petits pieds*, par le comte de Caylus, etc. Cet exemplaire est aujourd'hui à Chantilly.

250. FABLES NOUVELLES, PAR M. DE LA MOTTE, 1719, in-4, figures de Coypel, B. Picart et autres.

Exemplaire en GRAND PAPIER, avant les retouches qui ont si notablement alourdi la gravure de Gillot.
Reliure ancienne en maroquin rouge.

251. ROBINSON CRUSOÉ, par Daniel De Foë. Amsterdam, 1720-21, 3 vol. in-12, figures de Bernard Picart.

Reliure de CUZIN, maroquin vert à compartiments, DOUBLÉE de maroquin vert, dentelle intérieure.

252. Les Chats, de Moncrif, 1727, in-8, figures de Coypel, gravées par le Comte de Caylus.

253. ŒUVRES DE MOLIÈRE, 1734, 6 vol. grand in-4, figures de Boucher.

L'un des plus beaux exemplaires connus. Il est de première date, dans une fraîche reliure ancienne en maroquin rouge, aux armes et au chiffre de CARAMAN-CHIMAY.

Le *Molière* de 1734 est une des *têtes de colonne* d'une bibliothèque de livres à figures, c'est-à-dire un de ces livres de marque sur lequel le vrai bibliophile fait porter tous ses efforts pour l'avoir en belle condition.
C'est par les *têtes de colonne* que le bibliophile de première force se distingue de l'amateur ordinaire. Ce dernier se reconnaît à ce que, dans une collection quelconque, il possède tout, excepté la pièce capitale de la collection. Il a toutes les illustrations qui ont été faites pour Molière, excepté celles de l'édition de Bret avant la lettre ; il a toutes les Manon Lescaut, excepté celles de 1753 et de Bleuet ; il a toutes les vignettes de Moreau, excepté celles des *Chansons de La Borde*, etc., etc.
La bibliothèque Paillet est une bibliotbèque de *têtes de colonnes*.

254. ŒUVRES DE MOLIÈRE, 1741, 4 vol. in-12, figures de Boucher réduites par Punt.

Rare exemplaire de première date, et, par conséquent, avec les figures du premier tirage, reconnaissable à une remarque, l'absence de tailles croisées sur l'entablement de la porte, dans la figure du *Dépit amoureux*.
Reliure de CUZIN, maroquin rouge à compartiments. DOUBLÉE de maroquin bleu, dentelle intérieure à petits fers.

255. CONTES DU TEMPS PASSÉ, par Perrault, 1742 (Coustelier), in-12, figures de Fokke. — GRISELIDIS, PEAU-D'ANE et LES

Souhaits ridicules, par le même, extraits de l'édition de 1781, in-12.

> Les deux volumes sont en reliure semblable, maroquin rouge, dentelle à petits fers sur les plats, par Capé et Marius Michel.

> Il y a dans la bibliophilie des mystères impénétrables.
> L'édition de 1742 est la bonne, avec le premier tirage des figures. Elle est à bas prix.
> On a, au contraire, poussé à des trois et quatre mille francs l'édition de 1781 : qu'a-t-elle donc de remarquable ? Ceci : elle est un chef-d'œuvre de pingrerie de la part de l'éditeur Lamy. Cet homme économe s'est d'abord servi des cuivres de l'édition de 1742. Mais il lui fallait encore quatre têtes de pages pour les pièces nouvelles que contenait son édition: *Peau d'Âne* en prose, *Peau d'Âne* en vers, *Griselidis* et les *Souhaits ridicules*. Il s'est avisé de n'en faire graver que deux qui ont servi deux fois chacune. Celle de *Peau d'Âne* en prose a été replacée en tête de *Peau d'Âne* en vers. Mais le comble, c'est que celle de *Griselidis* a été remise en tête des *Souhaits ridicules* !
> Voilà ce qui fait de l'édition de 1781 un livre exceptionnel !

256. Le Temple de Gnide, revu et corrigé, par Montesquieu. Londres, 1742, figures. — Sylvie, Londres, 1743. En un vol. in-8.

257. CONTES DE LA FONTAINE. Amsterdam, 1743 et 1745, 2 vol. in-8, vignettes de Cochin.

> Très-bon exemplaire de ce livre aujourd'hui recherché, excellentes épreuves, et reliure ancienne en maroquin rouge, par Derome.

258. Aminta, du Tasse. Prault, 1745, in-12, vignettes de Cochin.

259. ŒUVRES DE BOILEAU, édition dite *de Saint-Marc*, 1747, 5 vol. in-8, vignettes de Boucher, Eisen, figures de Cochin pour le *Lutrin*.

> Exemplaire sur papier fin de Hollande, (ces exemplaires sont dits *à l'astérisque*), provenant de la bibliothèque de Brunet (l'auteur du *Manuel*).
> Très-belle reliure ancienne, en veau écaille.

260. Abdeker, ou l'Art de conserver la beauté, par Le Camus, 1748, 4 vol. in-12, illustrations de Pasquier.

> Reliure ancienne en maroquin vert.

261. Angola, par La Morlière, 1751, in-12, illustrations d'Eisen.

> Reliure de Cuzin, en maroquin rouge.

262. Terentii Comediæ. Paris , Leloup et Mérigot , 1753 , 2 vol. in-12 , illustrations de Gravelot , signées de Le Bas comme graveur.

Cartonné sur brochure, par Lemardeley.

263. MANON LESCAUT. Amsterdam (Paris), 1753, 2 vol. in-12, figures de Gravelot et Pasquier.

Exemplaire très grand de marges, avec le très rare carton de la page 149 du tome premier.

La *Manon Lescaut* de 1753 a été naguère un livre de premier ordre; elle l'est moins aujourd'hui. Cet axiôme singulier étonnera peut-être; mais il est indiscutable. il y a des modes pour les livres, comme pour les estampes. Mille circonstances peuvent mettre un livre en plus-value momentanée : la découverte d'un exemplaire exceptionnel, l'apparition d'un nouvel et solide acheteur, la publication d'une bibliographie spéciale,la surexcitation produite par les conversations entre amateurs, etc., etc. Après quoi le courant change, l'enthousiasme tombe, et l'on passe à d'autres exercices. Nous avons vu le triomphe incontesté de la *Manon Lescaut* de 1753, comme celui du *Pastissier français*, comme celui des *Restif de la Bretonne*; c'est en voie de finir. À qui le tour?

De raison positive à donner pour ces modifications de la cote bibliophilique, il n'y en a pas. Ce n'est pas comme à la Bourse où chacun sait que l'on vous donne des raisons pertinentes et positives de toutes les fluctuations d'un demi-centime !

Il en est de même pour les estampes: il y a des modes. N'avons-nous pas tous vu la fureur, la rage des eaux-fortes ? A présent, elles sont en complète déroute. Ce sont les pièces en couleur qui tiennent la position : elles sont inabordables. Mais patience!

264. LUCRÈCE , DE LA NATURE DES CHOSES , édition dite *de Marchetti* , 1754, 2 vol. in-8 , illustrations de Cochin et autres.

Reliure ancienne en maroquin rouge, dentelle sur les plats.

265. FABLES DE LA FONTAINE , 1755-1759, 4 vol. in-fol., figures d'Oudry.

Un des plus beaux exemplaires connus , en PAPIER MOYEN DE HOLLANDE.
Belle et fraîche reliure ancienne, en maroquin rouge, large dentelle à petits fers, par le premier DEROME, l'élève du fameux Padeloup.

Encore une *tête de colonne* , ce merveilleux exemplaire !

266. LA PIPE CASSÉE, poème épi-tragi-poissardi-héroi-comique, par Vadé... A la Liberté , chez Pierre Bonne-Humeur (vers 1755) , in-12 , vignettes d'Eisen.

Exemplaire contenant les vignettes en épreuves HORS TEXTE.
Reliure DOUBLÉE : maroquin rouge, à compartiments ornés de pipes ; l'intérieur en maroquin citron, dentelle à petits fers, par CUZIN.

267. IL DECAMERONE DI GIOVANNI BOCCACIO, 1757, 5 vol. in-8 , illustrations de Gravelot.

Exemplaire du premier tirage, AVEC LA GRIFFE sur les figures des cinq volumes. LE SEUL QUI AIT ÉTÉ RELIÉ PAR TRAUTZ (sur brochure, en maroquin orange, compartiments sur les plats).

Il contient la suite libre des figures de Gravelot, que le relieur a prudemment recouvertes de feuilles de garde en papier vert. Ne raconte-t-on pas que dans l'ancienne Rome papale, le cardinal-directeur des théâtres faisait mettre des pantalons verts aux danseuses ?

Les délicats en matière de reliure trouveront peut-être que pour ce livre une reliure de Derome serait supérieure à une reliure de Trautz. D'accord. Mais les Boccace en reliure ancienne sont rares. On n'en connaît peut-être qu'un qui soit bien : c'est un exemplaire quasi-célèbre dont le *Figaro* du 2 mars 1885 a raconté l'histoire. Il s'est vendu 5000 francs en vente publique cette année. Mais voyez comme les livres parfaits sont rares. Ce *rara avis*, ce parangon, n'a qu'un tout petit défaut : c'est d'être, au point de vue de la qualité des épreuves, un des plus médiocres exemplaires connus.

Un exemplaire qu'il serait piquant de posséder, c'est celui de la Dubarry. Les armes d'une courtisane sur un livre érotique, c'est idéal !

Mais cet exemplaire est hors de l'atteinte des amateurs. Il fait partie de la bibliothèque de Fontainebleau. J'apprends cela par une épreuve, qui m'est communiquée, des *Femmes Bibliophiles ;* cette intéressante publication bibliographique va enfin nous être donnée. Une quarantaine de notices détaillées, avec catalogues, et environ soixante femmes à l'appendice, ce n'est pas une mince affaire. Mais l'auteur y a porté une main vigoureuse et ses *Femmes* sont en bonne voie. Danel en a déjà mis les deux tiers sous presse : il tire à trois cents. C'est un curieux travail. Il sera vite épuisé.

268. ILLUSTRATIONS DE GRAVELOT POUR BOCCACE (1757), 6 vol. in-8.

Remarquable recueil des figures qui composent l'illustration du Boccace, (épreuves soit AVANT LES NUMÉROS , soit AVANT LES CADRES , soit AVANT LES NOMS D'ARTISTES , soit à l'état d'EAUX-FORTES) et des fleurons TIRÉS HORS TEXTE.

Dans un cartonnage anglais.

269. Almanach pour 1758.

270. MON ODYSSÉE, ou le Journal de mon retour de Saintonge, par Robbé de Beauvezet, 1760, in-8 , figures de Desfriches gravées par Cochin.

Exemplaire contenant les EAUX-FORTES des gravures.

Reliure DOUBLÉE, de CUZIN, en maroquin citron , trois filets , l'intérieur en maroquin bleu, roulette.

271. VINGT CONTES EN VERS , 1760. Recueil de vingt feuillets in-18 , sur chacun desquels se trouve un petit conte en vers et une jolie vignette.

Reliure de Brany, maroquin bleu, trois filets. Seul exemplaire connu jusqu'à présent.

272. LES AMOURS DE MIRTIL. 1761 , in-8 , figures de Gravelot.

Relié sur brochure par Thibaron-Joly, maroquin orange.

273. Contes nouveaux en vers et poésies fugitives par M. A... Londres , 1762 , 2 vol. in-12 , figures.

274. La Nuit et le Moment. Londres, 1762, in-12, figures.

275. CONTES DE LA FONTAINE, édition dite *des Fermiers généraux* , 1762 , 2 vol. in-8 , figures d'Eisen , fleurons de Choffard.

Exemplaire DE PREMIER TIRAGE, (avec le bon état du portrait de Choffard dans le cul-de-lampe du *Rossignol*) , auquel on a ajouté VINGT-QUATRE FIGURES DOUBLES (les Lunettes, le Rossignol, etc.).
Reliure ancienne, en maroquin rouge, trois filets, dos orné, par Le Tellier fils, maître relieur, rue du Mont-St.-Hilaire, à Paris.

Nous voici tout à fait dans les beaux livres à figures du XVIIIe siècle, qui, après avoir été longtemps mèconnus, se relevèrent d'une façon si extraordinaire il y a une quinzaine d'années, et engendrèrent une couche toute spéciale d'amateurs.

Sur le bibliophile en général tout a été dit, et nous n'avons pas l'outrecuidante prétention de peindre à nôuveau cette variété de collectionneur. La Bruyère, nous l'avons vu plus haut, s'est livré sur son compte à une amplification qui, d'ailleurs, n'a pas l'ombre de sens ; Jules Janin l'a béni, naturellement; Charles Nodier le définit : « un homme doué de quelque esprit, qui prend plaisir aux œuvres du » génie, de l'imagination et du sentiment, qui aime cette muette » conversation avec les grands esprits », (rien de si faux, à notre avis), et il établit entre le bibliophile et le bibliomane une démarcation qui, je le crains, est bien difficile à discerner dans la pratique. Tandis que Gavarni, avec sa puissance ordinaire de condensation, peint le collectionneur en une ligne : *Moins satisfait de ce qu'il a que désireux de ce qui lui manque*, le comte Horace de Viel-Castel ajoute un chapitre à Buffon en le cataloguant en trois sous-genres : l'amateur pur-sang, inculte et sauvage, à la redingote usée, au chapeau retapé, grand seigneur, riche , bien élevé, qui a renoncé à toutes les jouissances terrestres, hormis celle de vivre enfermé avec sa collection ; l'amateur brocanteur, négociant de bonne compagnie, trafiquant en curiosité, qui ressemble à première vue au pur-sang, montre le même enthousiasme, est même plus ardent, plus incisif dans son langage, fait l'amoureux de sa collection et « rugit pour sa belle » en attendant qu'il la cède à fort bénéfice ; enfin, l'amateur par mode qui collectionne sans conviction, parce que cela fait bien, (ou parce qu'il a gagné à la Bourse).

Tout cela, c'est le collectionneur de tous les temps, ce n'est point le bibliophile spécial d'il y a dix ans : ce n'est point cette phalange d'amateurs enflammés (*quorum pars parva fui*), qui laisseront dans l'histoire de la bibliophilie des types inoubliables.

On pourrait, en rassemblant des traits épars, les résumer en une *physiologie*, comme on aurait dit il y a quarante ans, ou en un portrait, que nous appellerons LE BIBLIOPHILE DE 1875.

La bibliophilie de 1875 est une bibliophilie à part, particulière à ce temps, et qu'on ne reverra peut-être jamais. C'était la fièvre, la surexcitation à son paroxysme, la spéculation effrénée, le système de Law : la salle de vente ressemblait à la rue Quincampoix pendant l'agiotage ; les livres à vignettes étaient de vraies actions du Mississipi ou de l'Union générale. Quand on vit qu'il y avait un bénéfice immédiat à à faire sur ces livres, tout le monde s'y mit ; cela coïncidait d'ailleurs avec une énorme prospérité financière ; les amateurs ne se ménageaient donc point. La cote était une fantaisie, ou plutôt il n'y avait plus de cote. On voulait jouir vite. Aux gens d'autrefois les collections lentement formées ; à nous les bibliothèques instantanées, surgissant toutes faites, toutes choisies, toutes reliées, comme par un truc de féerie !

On allait donc trouver tous les amateurs-connaisseurs qui avaient réuni avec patience quelque jolie bibliothèque, et on leur posait la question : Combien vous coûtent vos livres ? — Quarante mille francs. — En voulez-vous soixante ? — Je ne veux pas les vendre. — Quatre-vingts ? — Non, vous dis-je. — Cent mille ? — Laissez-moi. — Deux cents ? — Prenez-les.

Et l'on passait à un autre.

Des amateurs furibonds perturbaient tous les prix et toutes les habitudes. L'un donnait à ses commissions une latitude inusitée et extraordinaire : Combien vaut ce livre qui va passer en vente ? — Six cents francs. — Poussez-le jusqu'à quatre mille. Et ce livre là ? — Cinq mille. — Allez jusqu'à vingt !

Un autre amateur ne limitait même pas ses commissions ; on pouvait pousser pour lui une vignette de vingt sous sans s'arrêter jamais, jusqu'à mille francs ! Et son commissionnaire s'en vantait tout haut d'avance ! Et tous les marchands le poussaient en conséquence.

Un autre donnait la liste de ses *desiderata* à plusieurs libraires : le jour de la vente, deux ou trois libraires poussaient à outrance un volume qui montait à un prix bête : vérification faite, c'était pour le même amateur qu'ils avaient ainsi « chauffé » l'objet, et cette belle lutte se passait sur son dos.

Et comme dans les ventes on savait viser les acheteurs connus pour ne pas reculer ! Quelle adresse à les mettre en goût, à les faire « monter à l'arbre » par d'insidieuses préfaces de catalogues, où l'on mettait en vedette, où l'on glorifiait spécialement à leur intention les livres et les estampes qu'on supposait pouvoir les tenter.

Et comme ça mordait bien !

Comme l'amateur accourait du fond de sa province, excité, prêt à tout ! Vous rappelez-vous ce libraire qui, pour préserver son client de toute influence autre que la sienne, ne le laissait pas descendre à l'hôtel et le faisait coucher dans sa librairie ?

Vous rappelez-vous la manière de certains libraires, mettant les enchères à la grande cuiller, ne perdant pas leur temps à pousser avec ménagement par petits à-coups, et parfaisant immédiatement les sommes rondes, avec ce cri, (que je ne vous engage pas à adopter pour votre usage, si vous vous piquez d'atticisme) : *Le mot !*

(Par exemple, si un livre est à quatre-vingt-dix francs, le mot, c'est cent francs. S'il est au-dessus de neuf cents, le mot, c'est mille francs, et ainsi de suite : Vous voyez avec quelle rapidité *le mot* permet de mener les choses !)

On parlait d'acheter un volume vingt mille francs comme de croquer une pomme. Vingt mille francs un exemplaire des *Contes de La Fontaine* avec gravures d'après Fragonard. Vingt mille francs un roman de chevalerie, *Olivier de Castille*, de sorte qu'on n'abordait plus son acquéreur qu'en lui disant : *Comment va ce cher Olivier de Castille ?*

Un libraire trouvait un amateur capable de lui prendre pour *un million* de livres *en trois ans !*

Aussi rien n'était curieux comme le parfait mépris de certains libraires pour le fretin des amateurs, et, ce qui est plus fort, pour le client qui, après avoir absorbé une ou plusieurs centaines de mille francs de livres, demandait simplement à souffler, ne fût-ce que huit jours ! Il fallait entendre le ton dont on disait de ce client qui, la veille encore, était une vache à lait :

Allons ! encore un qui est gavé ! (ô élégance !) *Ça veut acheter des livres et ça n'a pas d'estomac. Celui-là aussi se met à râler !*

Râleur ! Mot ignoble des marchands pour caractériser un amateur qui renonce, ou simplement qui se repose !

Une folie, un délire ! C'était le sabbat des livres ; ils chevauchaient une ronde folle. Aujourd'hui, un petit volume entrait à trois cents francs dans la bibliothèque d'un amateur : il en sortait le lendemain pour six cents. Le surlendemain, il était pour deux mille dans la bibliothèque d'un troisième. Parfois, il disparaissait pendant un an, puis reparaissait relié par Trautz, alors il sautait dans une autre bibliothèque pour dix mille francs.

On disait à un relieur : donnez-moi ce livre-là avant trois mois, *et je vous couvrirai d'or* (textuel). Si ce relieur était Trautz, on lui offrait n'importe quel prix pour arriver à l'avoir, puis on vendait ce livre à terme, en escomptant la plus-value que lui donnerait la reliure du maître. (Qu'est-ce, je vous le demande, que « l'art d'élever des lapins » à côté de cette culture intensive d'un relieur ?). Les libraires lui disaient : « Monsieur Trautz, par pitié, exécutez pour nous cette reliure pour laquelle vous demandez deux cents francs aux amateurs, et nous vous la paierons le sextuple. » Le moyen de résister ? Un amateur proposait même à Trautz de le défrayer de toute dépense et de lui donner trente mille francs d'appointements à la condition de ne relier que pour lui. Trautz eut le courage de refuser cette proposition magnifique pour ne pas enchaîner sa liberté.

Vous alliez voir un amateur pour regarder ses livres : Plus rien. Bibliothèque vide. Les livres vendus de la veille. Trois mois après, vous y retourniez, votre homme avait une nouvelle bibliothèque plus considérable que la première. Vous le croyiez calmé ? Il vous étonnait par son audace. Vous comptiez sur lui pour lui repasser à un fort prix un livre que vous aviez acheté pour faire un coup ? Il s'effondrait !

Vous allez penser que ce n'est pas là le type idéal du collectionneur. Passion factice, direz-vous, et superficielle. — Non, mille fois non ; passion sincère, intense, mais trop violente pour pouvoir durer. — Amateur pas sérieux ! — Et quoi ! pour être collectionneur faut-il donc avoir la gravité d'un bonze ?

Eh bien, croyez ceci : c'est que, si le but du collectionneur est de se procurer une distraction agréable, jamais, entendez-moi bien, jamais amateur ne se sera plus amusé que le bibliophile de 1875. Il a vu passer sous ses yeux, en quelques années, tout ce qu'il est possible de rêver en fait de beaux livres : les gros prix les faisaient sortir et les amenaient dans les librairies ou à la salle de vente : dessins originaux, vignettes avant la lettre, fleurons en tirage hors texte, suites d'eaux-fortes, exemplaires en grands papiers, reliures précieuses, maroquins doublés, mosaïques, estampes de l'école française en états exceptionnels ou uniques, gravures en couleurs, livres les plus rares et les plus extraordinaires, tout, absolument tout, a défilé sous ses yeux en quatre ou cinq ans. (Sans quitter les *Contes de La Fontaine*, faut-il rappeler qu'en peu de temps passèrent en vente l'exemplaire de Brunet, relié en mosaïque ancienne, qui alla chez Léon Mercier : l'exemplaire aux armes de Madame de Pompadour, qui alla chez M. de Lacarelle, — et, un exemplaire qui fit moins de bruit, et qui, cependant, excite toujours les regrets d'Eugène Paillet et les miens, parce que nous avons commis la sottise de ne pas le prendre : il était d'extérieur modeste, mais renfermait toutes les figures en épreuves d'artistes, tirées sur un papier de Hollande fort comme du carton. Hélas !). Sur cette masse de trésors, il en a happé quelques-uns au passage, et il en a joui bruyamment. Son enthousiasme pour eux a tenu de la frénésie et il les a célébrés avec ivresse. Un amateur mordant peignait d'un mot typique ce délire du bibliophile : *Il met ses livres dans un saladier, et il les bat pour les faire mousser !*

Il ne se contentait pas de sa bibliothèque, il avait aussi celles de ses confrères qu'il visitait, examinait, épluchait, critiquait. Il avait encore les libraires : à toute heure de la journée , il lui fallait causer de livres; il entrait chez Gouin, il en causait; chez Saint-Denis, il en causait; chez la veuve Hénaux, il en causait. Il en causait chez Claudin , il en causait chez Porquet, il en causait chez Labitte. Il faisait une longue station chez Potier, et il en causait. Il passait les ponts pour aller chez Téchener, et il en causait plus que jamais ; puis chez Morgand, chez Fontaine, chez Rouquette, et il en causait, causait, recausait, l'œil en arrêt, toujours prêt à sauter sur une occasion avantageuse. Les jours de vente, il était fou, manœuvrant dans les sapes pour avoir à des conditions raisonnables le livre convoité, et en même temps se donnant un mal du diable pour faire monter le plus haut possible les livres qu'il possédait déjà; racolant à cet effet des amateurs nouveaux, les préparant, les catéchisant, les excitant à la débauche bibliophilique, les menant au feu, les lançant à l'assaut, les enlevant sans en avoir l'air au moment décisif, par quelque exclamation traîtresse habilement murmurée : *Bel exemplaire ! Quelle marge ! Il est énorme ! Très-frais ! Il y a une figure découverte ! Je ne l'ai jamais vu comme ça !* Tout à coup se levant, dégringolant l'escalier quatre à quatre, bondissant dans un fiacre, et se faisant conduire au quai. C'est qu'il venait de voir à la vente un volume atteindre un prix inusité, il connaissait le pareil chez un libraire à un prix très-inférieur, et il se précipitait pour le lui acheter avant que la renommée ne lui eût appris la hausse qui venait de se produire sur l'article !

Et le soir, il donnait encore des dîners succulents, où l'on reprenait en chœur la conversation sur les livres !

Car il était aimable et accueillant, le bibliophile de 1875 ! Remuant et agité, achetant, vendant, brocantant, échangeant, usant de tous les moyens pour parvenir à la possession de l'irréprochable et de l'exquis ; il est juste aussi de dire à sa louange qu'il fut le plus généreux, le moins regardant au prix, et le mieux payant des bibliophiles de tous les temps.

Tout en ce monde n'est que passager. Les livres précieux se sont casés dans des bibliothèques d'où il ne faut pas compter les voir sortir. Ils se sont faits rares. Le krach est venu, qui a entamé plus d'un bibliophile. D'autres se sont lassés de l'éternelle conversation sur les livres, qui tournait au rabâchage, et de la sempiternelle promenade le long des quais et dans les passages, qui finissait par friser le crétinisme. D'autres ont la collection qu'ils voulaient, et s'y tiennent. D'autres, hélas ! sont morts. Nous revenons en plein au vieux jeu. Nous sommes sages, calmes, modérés, pondérés, pour tout dire en un mot: raisonnables. Tout à l'heure nous serons mystérieux et cachottiers. C'en est fait de la bibliophilie de 1875. Mais ceux qui ont été de la fête n'y penseront jamais sans se dire :

C'était bien amusant !

276. Il Pastor fido , de Guarini. Glasgow, 1763, in-12, figures.

Reliure curieuse en vélin blanc. Sur les plats, deux reproductions de dessins, dont l'une d'après Cypriani. Sous la dorure de la tranche est

peint un paysage qui apparaît lorsqu'on étage cette tranche sous le doigt.
Ces reliures faisaient rage en Angleterre, il y a cent ans.

277. ZÉLIS AU BAIN , par le marquis de Pezay, 1763 , in-8 , illustrations d'Eisen.

Très-bel exemplaire, en demi-reliure, non rogné.

278. ANTHOLOGIE FRANÇAISE , par Monnet , 1765 , 4 parties en 2 vol. in-8, figures de Gravelot.

Reliure ancienne, maroquin rouge, trois filets, dos orné.

279. CONTES MORAUX, de Marmontel , 1765 , 3 vol. in-8 , figures de Gravelot.

Exemplaire du DUC DE LA VALLIÈRE, dans une ancienne reliure en veau. Les figures sont en très-belles épreuves, ce qui est infiniment rare. C'est un livre qu'on a toutes les peines du monde à se procurer satisfaisant.

280. LA PARTIE DE CHASSE DE HENRI IV , Suite des six grandes figures de Gravelot, in-4 ovale avec leur explication gravée.

(Rare). En un album.

281. LA PARTIE DE CHASSE DE HENRI IV, par Collé, 1766 , in-8 , figures de Gravelot.

Précieux exemplaire renfermant les quatre DESSINS ORIGINAUX de Gravelot, légués à M. Paillet par PHILIPPE DE SAINT-ALBIN, qui fut, le premier, président de la Société des Amis des Livres.
Reliure de CUZIN, en maroquin bleu, DOUBLÉE en maroquin bleu, dentelle intérieure fleurdelysée, à petits fers.

282. VIRGILII OPERA. Barbou , 1767 , 3 vol. in-12, figures de Cochin.

Exemplaire en GRAND PAPIER.
Reliure ancienne en maroquin rouge, trois filets.

283. L'Honnête criminel , par Fenouillot de Falbaire , 1767, in-8 , figures de Gravelot.

Cartonnage de Lemardeley, en vélin blanc.

284. LES MÉTAMORPHOSES D'OVIDE, 1767-1771 , 4 vol. in-4, figures de Boucher, Eisen, Gravelot, Moreau, Monnet, etc , fleurons de Choffard.

Merveilleux exemplaire, une des gloires de la bibliothèque Paillet, ayant appartenu à RENOUARD et au BARON THIBON.

Il contient toutes les figures AVANT LA LETTRE.
Toutes les EAUX-FORTES.
Les GRAVURES DOUBLES DÉCOUVERTES, au nombre de six.
Et il est dans une reliure de DEROME LE JEUNE (maroquin bleu, compartiment sur les plats, dos orné, doublée de tabis).
En tête du premier volume se trouve un joli DESSIN de Choffard.

Il nous faut ajouter ici un détail au portrait que nous tracions tout à l'heure de l'amateur de 1875.

Il avait la passion de donner des conseils.

L'habitude de se fréquenter entre bibliophiles, de se critiquer sans pitié, a été portée à son paroxysme depuis vingt ans. Elle a du bon, car elle a évité aux débutants, ainsi qu'aux esprits timides et indécis, bien des bévues ; à ceux là elle faisait avoir de force, pour ainsi dire, de bons livres.
Mais quelquefois les avis étaient singuliers.

Peu après que l'exemplaire des *Métamorphoses d'Ovide* ici décrit fût entré dans la bibliothèque Paillet, un autre exemplaire extraordinaire en parut chez Caen, et fut acheté par un de nos amis. C'était un texte du commencement de ce siècle, en 4 volumes in-8. Renouard y avait inséré toutes les figures de l'édition de 1767-71, avant la lettre, avec leurs eaux-fortes, et tous les fleurons de Choffard, tirés hors texte, avec leurs eaux-fortes. Et il avait choisi ce texte in-8 exprès, pour ne pas être obligé de faire réemmarger les eaux-fortes, qu'on ne trouve jamais que courtes de marges. (Dans l'exemplaire Paillet elles sont *remontées* et *glomisées*). Non ! vous n'imaginerez jamais le torrent de conseils qui assaillit l'acquéreur. Pendant quinze jours, il ne sortait plus d'une librairie que flanqué à droite et à gauche de deux donneurs d'avis qui le catéchisaient d'autorité jusque dans la rue :

— Eh bien, votre Ovide, qu'allez-vous en faire ?
— Ce que je vais en faire ? Mais le garder !
— Comme il est ?
— Sans doute.
— Vous ne ferez pas ça ! !
— Comment ; je ne ferai pas ça ?
— Non, vous ne pouvez pas le garder ainsi.
— Et pourquoi pas ?
— Parce que ce n'est pas un livre fait ! !
— Ah bah !
— Vous avez là seulement les éléments d'un livre, et vous devez le faire. Vous le ferez ! Il n'est pas possible que vous ne le fassiez pas ! Vous allez le faire ! Il vous le faut !...
— Et comment ?
— Vous achèterez un texte de 1767. Il y en a dans ce moment-ci un très-beau chez Fontaine ; il fera votre affaire, vous le prendrez...
— Bien. Cela me procurera le plaisir de dépenser cinq cents francs. Et après ?
— Vous casserez vos petits volumes, vous en retirerez les gravures et vous les ferez réemmarger. Vous les donnerez à Debroise, il vous fera parfaitement cela.
— Bien, encore cinq cents francs. Et après ?
— Vous les mettrez dans votre texte de 1767 et vous ferez faire là-dessus une reliure en maroquin doublé.
— Doublé ?
— Doublé, c'est indispensable. N'allez pas faire une reliure simple, au moins ! La reliure doublée est nécessaire ! ! !
— Soit ; c'est encore deux mille francs. Et après ?
— Après ? Vous aurez un très-beau livre.
— Eh bien non, je n'aurai pas un très-beau livre ! Et quiconque le verra, — fût-ce vous-mêmes, Messieurs, — considèrera comme un

devoir de pousser des soupirs en s'écriant ! *Comme c'est malheureux, un si beau livre ! trop de remontages ! Ah, s'il était en reliure ancienne ! Décidément, je crois que je préfère l'exemplaire de Paillet !* Bref, j'aurai doublé le prix de mon exemplaire pour le gâcher ! Tel Renouard l'a fait, tel il restera.

Les enragés conseilleurs en furent pour leurs avis, notre ami garda son livre tel quel, et fit bien.

285. L'Heureux jour, par le marquis de Pezay, 1768, in-8, illustrations d'Eisen.

> Cartonné, non rogné.

286. Lucrèce , De la Nature des Choses , 1768, 2 vol. in-8, figures de Gravelot.

> Reliure ancienne en veau.

287. LES SAISONS , poème de Saint-Lambert. Amsterdam, 1769, in-8, figures de Gravelot et Le Prince, fleurons de Choffard.

> Reliure ancienne en veau.
> On a ajouté à l'exemplaire les TIRAGES HORS TEXTE des fleurons de Choffard.

288. LES GRÂCES , par Meunier de Querlon , 1769, in-8, figures de Boucher et Moreau.

> Exemplaire exceptionnel, contenant les figures AVANT LA LETTRE; et notez que le titre, gravé par Moreau, est également AVANT LA LETTRE, et même avant les derniers travaux.
> La reliure est de CUZIN, en MOSAÏQUE, a petits compartiments, orange, bleu et rouge, DOUBLÉE de maroquin orange, large dentelle Pompadour intérieure. Dans un étui.

289. Les Grâces , recueil factice de 16 vignettes.

> Reliure de Bauzonnet.

290. Les Quatre Parties du Jour, par Zachari , 1769, in-8, figures d'Eisen.

> Cartonné, non rogné.

291. LA HENRIADE , par Voltaire , 1770 , 2 parties en un vol. in-8 , figures et fleurons d'Eisen.

> Belle reliure de CUZIN, en maroquin bleu janséniste, DOUBLÉE de maroquin bleu, compartiments intérieurs qui forment — notez ceci, — une sorte de panneau à angles arrondis. Comme ce motif d'ornement était une innovation de notre amateur, et comme nous autres bibliophiles nous sommes mauvais comme la gale, pour le faire un peu enrager, nous avions tous surnommé cette dorure intérieure *l'armoire*

à glace. Ça ne manquait jamais : on ouvrait le livre et immédiatement :
« *Ah ! l'armoire à glace !* »

Nous en avons été pour nos frais, et le possesseur du livre n'a pas
sourcillé. Quelle patience !

Les fleurons, qui sont charmants, sont ici en épreuves HORS TEXTE.

Les figures, dont la plupart, il faut bien l'avouer, sont assez grotes-
ques, sont en épreuves AVANT LA LETTRE.

On a ajouté au volume une petite curiosité infiniment rare : le
tirage à part, AVANT TOUTE LETTRE ET AVANT LA BORDURE, du petit
portrait de Voltaire (attribué à Cathelin) qui se trouve sur le titre.
Je ne connais, pour ma part, que deux épreuves de cet état ; celle-ci
et une autre qui se trouve dans les alphabétiques de la Bibliothèque
nationale.

Ce sont tous ces raffinements qui constituent les exemplaires exceptionnels ou uniques.

292. EUGÉNIE , drame de Beaumarchais, 1767, in-8, figures de
Gravelot.

Reliure de Lortic, maroquin bleu, trois filets.

293. Le Roué vertueux, par Coqueley de Chaussepierre ,
1770, in-8, figures au lavis de Le Prince.

Cartonné sur brochure.

294. Bibliothèque de Madame la Dauphine, 1770, frontispice
d'Eisen.

295. LES BAISERS , par Dorat, 1770 , in-8 , illustrations
d'Eisen.

Exemplaire contenant les épreuves TIRÉES HORS TEXTE de tous les
fleurons. dans une condition irréprochable, il va sans dire. On y trouve
aussi l'EAU-FORTE du frontispice du *Mois de mai*, allégorique au
mariage du Dauphin et de Marie-Antoinette. Elle provient de Sieurin ;
cette pièce, fort intéressante, a été acquise à l'amiable, quelques jours
avant que la collection de Sieurin fut mise en vente publique : c'est ce
qui s'appelle savoir arriver à propos ; là se reconnaît le vrai collectionneur.

Reliure extraordinaire de CHAMBOLLE-DURU (dorure de MARIUS-
MICHEL), en MOSAÏQUE et DOUBLÉE EN MOSAÏQUE. L'extérieur en maroquin
La Vallière, est un grand cartouche du XVIIIᵉ siècle, avec rinceaux et
muguets, exécuté en mosaïque de dix couleurs différentes. L'intérieur,
rouge, est semé de fleurs bleues et blanches. Dans un étui en forme de
boîte, doublé de velours.

Les bibliophiles qui veulent passer pour purs se croient obligés de
faire trente-six mille grimaces en présence de cette reliure, parce
qu'elle n'est pas de Trautz. Mais j'ai vu Trautz lui-même l'examiner ;
et il la trouvait admirable.

296. TABLEAU DE LA VOLUPTÉ , ou les Quatre parties du jour,
par Du Buisson, 1771, in-12 , illustration d'Eisen.

Reliure de Cuzin, maroquin rouge, trois filets.

297. Le Dépit et le Voyage , par Bastide , 1771, in-8 , figures
de Desrais.

298. LA GERUSALEMME LIBERATA , du Tasse , 1771 ,
2 vol. grand in-4 , figures de Gravelot.

> Exemplaire en GRAND PAPIER.
> Il contient la suite des figures de Gravelot AVANT LA LETTRE (peut-être
> unique), plus, les fleurons tirés HORS TEXTE.
> On y a ajouté la suite des figures de Cochin pour l'édition de 1784,
> AVANT LA LETTRE.
> Reliure de Thibaron, maroquin rouge, trois filets.

299. GARÇON ET FILLE HERMAPHRODITES , s. d. (vers 1772), plaquette in-8 , avec deux figures attribuées à Moreau pour le
dessin , à Le Mire pour la gravure.

300. LE JUGEMENT DE PARIS , par Imbert , 1772 , in-8 ,
figures de Moreau , fleurons de Choffard.

> Reliure de Bauzonnet, maroquin rouge, compartiments sur les plats,
> doublée de tabis.
> Les fleurons de Choffard sont en TIRAGE HORS TEXTE, avec leurs
> EAUX-FORTES.
>
> C'est un de ces livres exceptionnels sur lesquels les bibliophiles
> jettent des regards de convoitise... Je le comprends facilement. Mais...
> Ecoutez, peuple de France, peuple du Chili aussi... je vous fais
> assavoir par ces présentes que ce livre m'appartient : son possesseur m'a
> promis de me le donner le jour où il se déferait de sa bibliothèque : j'en
> prends acte ici. J'espère bien, d'ailleurs, qu'il ne s'en défera jamais, la
> disparition de sa bibliothèque serait un mal irréparable, pour lui
> d'abord, qu'il se l'imagine bien, pour ses nombreux amis ensuite, et
> enfin pour la bibliophilie en général.
> Il est, en effet, de tous les différents types de bibliophile, le plus
> rare, et, à mon avis, le plus estimable et le plus précieux :
> IL A LE LIVRE GAI !
>
> Pour lui, la chasse aux livres fut un amusement et un plaisir. C'est
> ce qu'elle devrait être pour tous. Mais comme il s'en faut qu'il en soit
> ainsi ! Que de bibliophiles qui ont le livre :
>
> Triste, et passent leur temps à pousser des soupirs sur les occasions
> manquées ;
> Lugubre même, et semblent absorber un joli volume comme si
> c'était une médecine noire ;
> Jaloux, et vous criblent de lardons en regardant votre bibliothèque;
> Ennuyeux, et geignent sur le prix qu'ils ont dû payer tel ou tel
> exemplaire;
> Hâbleur, et vous fatiguent du récit de leurs trouvailles;
> Préoccupé, et semblent toujours prêts à s'effondrer sous le poids de
> leurs achats;
> Mystérieux, et croiraient tout perdu si vous parveniez à apercevoir
> leur bibliothèque;
> Modeste avec affectation, et vous dégoûtent de leurs propres livres
> en les critiquant eux-mêmes;
> Maladif enfin, et pensent jour et nuit aux livres, à l'exclusion de

toute chose. Quand on en est là, je le crains, la bibliophilie n'est plus qu'une forme de l'obsession.

Vous voyez qu'un amateur qui a le livre gai est à conserver avec soin. Ne cherchez pas ailleurs le secret de la réputation de sa bibliothèque; ne vous étonnez pas que telle autre plus importante, peut-être, soit moins célèbre. La raison de cette réputation est simple:

Au lieu de cacher ses livres, il a les montrés.

Voilà tout !

301. ESSAI SUR L'ESPRIT ET LES MŒURS DES FEMMES, par Thomas, 1772, in-12, vignette de Cochin.

La vignette est AVANT LA LETTRE, avec son EAU-FORTE.

302. LE TEMPLE DE GNIDE, par Montesquieu, 1772, in-4, figures d'Eisen gravées par Le Mire.

Les figures sont AVANT LA LETTRE.
L'exemplaire est relié par TRAUTZ, en maroquin orange, charmant motif XVIIIe siècle sur le milieu des plats, dos orné.

Nous sommes, à cette date, au plus beau moment de la production des livres à vignettes, et les chefs-d'œuvre se succèdent coup sur coup.

303. LE TEMPLE DE GNIDE, mis en vers par Colardeau, 1773, in-8, figures de Monnet.

Les figures sont AVANT LA LETTRE.
Relié sur brochure par Cuzin, en maroquin rouge, trois filets.

304. Le Temple de Gnide, traduit en vers par Léonard, 1773, in-8, figures de Desrais.

305. ANACRÉON, SAPHO, BION ET MOSCHUS, 1773, in-8, illustrations d'Eisen.

Ce magnifique exemplaire contient la suite des fleurons en tirage HORS TEXTE (1).

Il est relié par TRAUTZ, en maroquin vert, trois filets, dos ornés de divers attributs.

C'est donc un de ces *moutons à cinq pattes* sur lesquels la critique n'a pas de prise.

Ils sont rares, les livres de cette espèce ! Autrefois, quand les livres du XVIIIe siècle étaient à bas prix, on ne s'inquiétait guère de leur

---

(1) Répétons une bonne fois que toutes les illustrations ont été choisies avec un soin dont on ne peut pas se faire l'idée. Nous ne le redirons plus pour ne pas fatiguer. Citons seulement un axiôme de notre bibliophile, dont l'œil, comme on sait, est phénoménal, surtout doublé de son monocle, que nous avons baptisé son *iconoscope* : « SI VOUS ÊTES PRESBYTE, IL NE FAUT PAS VOUS OCCUPER DE VIGNETTES ! »

qualité et de leurs défauts. On achetait vingt francs, par exemple, les *Métamorphoses d'Ovide*, qu'importait que le livre fût de la première date ou de la seconde ? On ne pensait même pas à le remarquer.

La hausse des livres a amené leur connaissance raisonnée, — quand on paie cher, on veut savoir ce qu'on a, — et cette connaissance raisonnée amène à son tour ce résultat : les livres reconnus en état convenable, les livres *classés* vont aux nues, excelsior, toujours excelsior; quant aux autres, on ne peut même pas dire qu'ils tombent : ils deviennent invendables, personne n'en veut. Ce résultat a été peut-être désastreux, mais on n'y peut rien.

Aujourd'hui, pas un amateur ne prendrait un exemplaire d'Ovide dont le quatrième volume porterait la mauvaise date, *1770* ; il n'est pas amusant, en effet, de débourser une forte somme pour s'entendre dire, chaque fois qu'un confrère ouvrira le livre : *Ah ! il n'est pas de la bonne date ! Tiens ! c'est le deuxième tirage.*

Et notez que c'est toujours par le quatrième volume qu'on commence à regarder l'*Ovide* d'un amateur, avec l'espérance secrète de tomber sur le défaut. De même, pour l'*Anacréon*, l'œil du visiteur saute à la date, malheur si elle n'est pas la bonne !

306. FABLES DE DORAT, 1773, 2 vol. in-8, illustrations de Marillier.

Admirable exemplaire contenant tous les fleurons TIRÉS HORS TEXTE et, bien entendu, tous A TOUTES MARGES.
Les deux titres AVANT LA LETTRE.
Bref, tout ce que l'on peut rêver, y compris même l'en-tête et le cul-de-lampe de l'édition précédente de 1772.
La reliure est de CUZIN, en maroquin citron, dentelle à petits fers sur les plats, DOUBLÉE de maroquin rouge semé de roses et de papillons.
Dans des étuis.

O lecteur, si vous n'êtes bibliophile, vous ne pouvez savoir quel effort représente la confection d'un pareil exemplaire des *Fables de Dorat !* C'est le treizième travail d'Hercule.

Voici votre texte, il s'agit d'avoir les fleurons, et vous n'êtes pas assez heureux pour les avoir trouvés tous à la fois ! Il faut vous décider à procéder par fractions.
Un premier achat vous met en possession de la moitié des précieuses vignettes. Sans trop de difficultés, vous trouverez encore un autre lot ; vous voici aux deux tiers de la tâche. Là commence la chasse, des lots entiers achetés au poids des billets de banque pour vous procurer seulement deux ou trois pièces ; puis mille démarches pour écouler vos doubles à quelque autre amateur sans trop de perte, ou un échange proposé à un rival, vingt-cinq fleurons offerts contre un qui vous manque; puis le joli titre du second volume qui passe en vente publique, s'il allait vous échapper ! Un mois d'angoisses ! Enfin, il ne vous manque plus que trois pièces, vous les demandez à tout l'univers ; puis deux pièces, puis une, une seule. Dix ans de votre vie pour cette pièce ! La voilà ! Ce que vous coûte ce petit papier, cela ne se dit pas, à cause de la famille qui vous ferait interdire.
Vous croyez que c'est fini ! Allons donc ! Vous êtes complet, oui, mais il y a des fleurons qui sont réemmargés ! Et la poursuite, et les préoccupations, et l'agitation recommencent jusqu'à ce que vous ayez remplacé la dernière pièce courte par une à toutes marges !
Et puis, il y a la reliure !
Aussi, je ne vous engage pas à faire le compte de vos cheveux quand le travail sera terminé.

307. CHANSONS DE LA BORDE ; 1773, 4 vol. in-4, figures de Moreau et autres.

Encore un des plus précieux trésors de la collection ! L'exemplaire contient :

Les épreuves AVANT LA LETTRE des figures du premier volume, dessinées et gravées par Moreau.

Les EAUX-FORTES des figures des quatre volumes.

Le portrait de La Borde *à la lyre*, et trois autres portraits de La Borde.

Le rarissime portrait de MADAME DE LA BORDE, en pied, par Masquelier et Née, dont on ne connaît que quatre épreuves.

Ce célèbre exemplaire provient des bibliothèques RENOUARD, AGUILLON, GRÉSY, GONZALÈS ; il a toujours été en s'améliorant et se complétant.

Il était resté cartonné, non rogné. Eugène Paillet a pris un grave parti : renoncer à ce cartonnage pour faire relier ses *Chansons*. A-t-il bien fait ? A-t-il mal fait ? Le monde bibliophile a passionnément discuté cette question, pour les principes. Mais que sert-il de discuter, puisque c'est fait et non à faire ?

Ceci dit, la reliure a été admirablement exécutée par CUZIN, en maroquin rouge, large dentelle pompadour sur les plats, et DOUBLÉE de maroquin bleu : l'ornementation intérieure est des plus intéressantes comme travail, elle représente les panneaux du château de Trianon, avec tous les attributs de la musique (1).

---

(1) Nous citions tout à l'heure le portrait de Madame de La Borde. C'est bien rare. un portrait dont on ne connaît que quatre épreuves ! Il y a plus rare encore !

Pendez-vous, confrères ! Pendons-nous !

Vous savez que les *Chansons de La Borde* sont dédiées à la Dauphine ; vous connaissez la vignette de dédicace, immédiatement après le titre : les armes de Marie-Antoinette dans un médaillon rond, et au-dessous, quatre vers :

> *Digne appui des Beaux-Arts,...* etc.

Ces vers, n'est-il pas vrai, semblent s'adresser à un portrait ?

Eh bien, le portrait a été fait !

Il y a été, dans ce petit rond !! Et il en existe une épreuve.

Et non pas le premier portrait venu, je vous prie de croire, mais une adorable petite Dauphine, de Moreau, gravée vraisemblablement par Masquelier, de même dimension que les deux célèbres médaillons gravés par Gaucher et par Le Mire : seulement, ici Marie-Antoinette est de face. L'épreuve est avant la signature du graveur.

C'est délicieux !

Vous me croirez si je vous dis que, lorsque M. Decloux, le discret collectionneur d'estampes, me montra cette pièce extraordinaire, ce mouton à je ne sais combien de pattes, qu'il faut désormais ajouter au catalogue de l'œuvre de Moreau, j'en restai pâle, la gorge sèche, ébahi et jaloux. J'eus pourtant la force de lui poser la question traditionnelle :

— Et où avez-vous trouvé ça ?

— Je ne l'ai pas trouvé ; on est venu me l'apporter.

— Vous avez de la chance ! C'est égal, on a dû vous saler. Combien ?

— Six francs.

— Oh !... Oh !!... Oh !!!...

Et je pensai m'évanouir.

Il y avait de quoi. Avoir collectionné dix mille portraits ; avoir, tous les

308. ŒUVRES DE MOLIÈRE, édition dite *de Bret* ; 1773 , 6 vol. in-8 , illustrations de Moreau.

Ce bel exemplaire contient les figures et le portrait, AVANT LA LETTRE, et les TIRAGES HORS TEXTE des six fleurons des titres gravés par Moreau.

Reliure ancienne de Mouillé, rue St.-Jacques, hôtel de la Couture, 65, en maroquin rouge, compartiments sur les plats, dos orné, et doublée de tabis.

Notre amateur a trouvé le moyen de se faire céder cet exemplaire par Sieurin, qui ne cédait jamais rien. Il lui en coûta simplement un billet de cinq cents francs. Sieurin n'avait payé le livre que quatre-vingts. *O Tempora !*

309. Tarsis et Zélie, par Le Vayer de Boutigny, 1774, 3 vol. in-8 , illustrations d'Eisen, Cochin, Moreau.

Cartonné sur brochure.

310. FIGURES DE MOREAU POUR JEAN - JACQUES ROUSSEAU, suite des figures de l'édition de 1774-1783 , par Moreau et Le Barbier, in-4.

Épreuves AVANT LES NUMÉROS.

On fait maintenant des folies pour cette belle suite de figures, après l'avoir longtemps négligée. Il est bien de réparer ses erreurs : pourtant faire des folies est toujours imprudent.

Il faut savoir acheter avec sang-froid et ne jamais s'emballer.

C'est une maladie grave que la *pléthore bibliophilique*, (que les libraires appellent plus prosaïquement *indigestion de livres*). Elle attaque ceux qui en ont absorbé trop à la fois, ou trop vite, ou trop cher ; ou recommencé un fort repas de bouquins avant d'avoir assimilé le précédent ; sa cause déterminante est le plus souvent l'excès du débit sur le crédit, elle offre les mêmes symptômes que l'embarras gastrique ordinaire : lassitude, manque absolu d'entrain, inappétence des livres, tristesse, dégoûts ; le malade a constamment sa bibliothèque sur les lèvres et souvent, dans un moment de forte nausée, la rend d'un seul coup. Dans les cas bénins, le soulagement, puis la résolution de la maladie surviennent après des évacuations partielles.

J'ai connu un bibliophile qui a été écœuré pendant près de trois mois par une suite incomplète des eaux-fortes des figures de Moreau pour

---

jours pendant douze ans, « transfrété la Séquane » pour fouiller les cartons d'iconopoles amicabilissimes, et ne pas avoir mis la main sur cette Dauphine, avouez que c'est enrageant !

Encore une fois, il n'y a plus qu'à se pendre... Commencez, ami Paillet ; je vous suis !

Moreau avait décidément la main heureuse quand il dessinait pour La Borde, le « garde-magasin de doubles-croches ». Son exquise composition intitulée : *la Cinquantaine*, datée de 1771 , que les catalogues ont toujours donné comme une estampe publiée séparément, nous fait bien l'effet d'être le titre de la partition de *la Cinquantaine* , pastorale , musique de La Borde, représentée en 1771.

les œuvres de Rousseau, (les eaux-fortes des figures ici cataloguées),
qu'il avait eu l'imprudence d'absorber à sept mille francs. (Juste
le prix qu'avaient coûté peu d'années avant les merveilleux dessins
originaux de la même suite !). Le calme ne revint qu'à la suite d'une
élimination sagement amenée. Notre bibliophile fit appel aux soins
éclairés d'un spécialiste, d'une habileté suprême, qui le délivra de ce
fardeau. . en le repassant à un autre amateur, pour le même prix.
Résultat admirable !

On cite des amateurs chez lesquels des libraires ont provoqué cet
état pléthorique funeste en leur ouvrant tout grand leur crédit par
lequel on leur ingurgite des livres ; ils absorbent, absorbent, paient un
à-compte, sont épuisés et n'ont plus qu'à vendre leur bibliothèque à
perte.

Mais ça ne réussit pas toujours. Il y a des clients qui kracquent.

311. Les Femmes vengées , opéra-comique de Sedaine et
Philidor, 1775, in-8, une figure de Cochin.

> Reliure ancienne, en veau.

312. Œuvres de Saint-Marc, 1775, in-8. illustrations d'Eisen
et autres.

> Reliure ancienne, en veau écaille.

313. Contes mis en vers par un petit cousin de Rabelais ,
(par d'Aquin de Château-Lyon), 1775, in-8 ; frontispice et
fleuron d'Eisen.

314. LES SAISONS , par Saint-Lambert, 1775 , grand in-8 ;
figures de Moreau , fleurons de Choffard.

> Encore un des plus beaux livres de la bibliothèque.
>
> Les figures de Moreau sont AVANT LA LETTRE.
> Les fleurons de Choffard, tirés HORS TEXTE, (à toutes marges, cela
> n'a pas besoin d'être dit).
> La reliure est de THIBARON-JOLY, en MOSAÏQUE et DOUBLÉE. L'exté-
> rieur est orange, bleu et rouge, avec nombreux petits compartiments
> pointillés d'or ; l'intérieur bleu orné d'une large dentelle. Dans un étui.

315. ANNALES DU RÈGNE DE MARIE-THÉRÈSE , par
Fromageot, 1775 , in-8, figures de Moreau.

> Les figures sont AVANT LES NUMÉROS.
> Les deux portraits en TIRAGE HORS TEXTE.
> Plus un PREMIER ÉTAT du portrait de Marie-Antoinette, avec les
> signatures *à la pointe.*

316. SUITES D'ESTAMPES pour servir à l'histoire des
Mœurs et du Costume des Français du XVIIIᵉ siècle , 1775-
1777-1783. Trois parties en un volume in-fol.

> L'exemplaire contient LES TROIS TEXTES (le troisième est si rare que
> pendant longtemps on en contestait l'existence).

La suite des douze estampes de Freudeberg A LA TABLETTE BLANCHE, et en double état, à la tablette ombrée.
Les vingt-quatre estampes de Moreau, AVEC LE PRIVILÈGE.
Les mêmes estampes AVANT LA LETTRE.
Ce morceau capital a été acheté à Morgand, et même complété et amélioré depuis.

Au bibliophile de 1875, il fallait un libraire d'allure spéciale et de grande envergure : il l'eut, ce fut Morgand.

En ce temps-là, Damascène Morgand était le commis de Fontaine, et nous ne jurions tous que par lui. Avez-vous vu Damascène aujourd'hui ? Je vais chez Damascène. M'accompagnez-vous chez Damascène ? C'est un livre que je viens d'acheter à Damascène. Damascène par-ci, Damascène par-là, Damascène toujours. Il trônait dans la librairie de Fontaine au premier étage, c'est-à-dire dans le département des livres précieux, et en était une manière de vice-roi absolu. Il administrait du reste les intérêts de son patron avec le même zèle que s'il se fût agi des siens propres. Et comme c'était le bon temps, comme on n'avait pas encore surmené les livres, il y avait là de bien belles occasions. (Je me rappelle, notamment, une certaine malle pleine de vignettes avant la lettre, qui fut une mine inépuisable). De plus, bien qu'il n'ait jamais eu de goût aux petites affaires (c'est peut-être son seul défaut), Damascène alors se donnait parfaitement du mal pour vendre un livre modeste à un prix modéré. Cela ne pouvait durer ; bientôt on s'aperçut du changement. Au bout d'un an ou deux, les prix montaient sensiblement, nous sortions de l'âge d'or : et puis ,

> ....*déjà Morgand perçait sous Damascène* ,

et se révélait l'homme des énormes affaires. Les plus grosses opérations n'étaient pour lui qu'un jeu. Acheter des bibliothèques entières et les revendre d'un coup ; découvrir, former, surexciter et entretenir de nouveaux et formidables clients ; ramener les amateurs dissidents, dompter les récalcitrants, mater les rebelles ; terrasser tous ses adversaires dans les ventes sans rester accablé du poids de ses victoires, tel fut son génie.
Intérieurement, pour préparer, peser, mûrir une affaire à longue portée, le sang-froid méthodique, raisonné, calculateur, le flegme de l'anglais , (auquel il ressemble physiquement). Extérieurement , pour en tirer parti, la flamme française, l'art de trouver a point nommé et au commandement un enthousiasme éloquent, communicatif, entraînant, irrésistible, (et demeuré célèbre). Sous ce bouillonnement de surface un calme absolu, et le tact suprême de dire toujours tout ce qu'il faut, et de ne dire que ce qu'il faut, avec une expérience consommée du client. Causeur avec le bibliophile d'occasion qu'il faut étourdir, enlever malgré lui ; avec le véritable connaisseur, se bornant à placer à propos le mot nécessaire pour déterminer, corroborer sa conviction déjà plus qu'à demi-formée ou la raffermir en cas d'hésitation ; mieux encore, muet avec le bibliophile de haute marque dans les mains duquel il place un joyau, sachant bien que le livre parlera tout seul et que tout essai de pression ne serait que nuisible. Dédaignant l'ancien et primitif procédé qui consiste a revendre tout naïvement contre espèces les livres qu'on vient d'acheter ; se plaisant aux affaires complexes et à long terme, aux achats greffés sur des échanges, aux opérations combinées qui multiplient les transactions, les répercutent les unes sur les autres et finissent par déterminer une cascade de bénéfices ; vendeur séduisant, ayant gagné sous ce rapport le surnom terrible de *Serpent tentateur* ; acheteur comme on n'en verra plus, et comme on n'en a pas vu depuis le jour où Jupiter séduisit Danaé par la métamorphose que l'on sait ; incomparable, inouï pour la vente des livres extraordinaires, inapte à la vente des livres médiocres (lorsqu'il

entame leur éloge, les mots lui restent dans la gorge) ; capable de noyer sans merci un client sous un flot de livres précieux, incapable de le pousser dans une fausse voie et de lui conseiller l'achat d'un objet de second ordre ; d'ailleurs, ennemi de toutes les ficelles du vieux jeu, de toutes les roueries de bouquiniste et de tous les boniments surannés ; audacieux et prudent, habile et loyal, raide et cassant parfois, mais d'une droiture et d'une sûreté de parole à toute épreuve. Voilà l'homme.

Après avoir imprimé à la librairie de Fontaine un essor inouï, Morgand s'établit à son compte. Il amena dès lors les livres à une hauteur vertigineuse. Tout à l'heure, nous lui appliquions le vers du poète, appliquons-lui maintenant les paroles de l'historien : « *Maigre, il prend peu à peu confiance en lui-même, il devient plus* » *ouvert, plus serein, se met à parler, perd sa maigreur excessive, se* » *dilate en un mot, et, ne se contenant plus, il ose tout, entreprend tout,* » *s'épanouit complètement, et quand on le croirait moins actif, s'élance* » *plus impétueux que jamais !* » Et, en effet, quitte à le faire rougir, je l'appellerais le Napoléon de la librairie. N'a-t-il pas bouleversé l'ancienne tactique ? Que dis-je ? N'a-t-il pas réalisé le rêve du conquérant, la descente en Angleterre ? Et même une descente périodique, qu'il effectue tous les ans et d'où chaque fois il rapporte des trophées arrachés aux libraires anglais sur le champ de bataille des ventes. Cela n'est pas pour nous étonner : Morgand est normand, et chacun a appris par la chanson que

> *« C'est les Normands qu'a conquis l'Angleterre ! »*

Et voyez sa force et son empire sur lui-même. Lui, glorieux ; lui, roi incontesté des ventes ; lui, grand vainqueur, ayant *tombé* tous ses rivaux, y compris le *Terrible Fifi* (dit *le Rempart du Boulevard Poissonnière*) et le *Colosse de l'Aveyron*, lorsqu'il s'installa dans sa propre librairie, il eut l'admirable sang-froid de s'interdire toute possibilité d'entraînement d'amour-propre : il ne mit plus le pied à l'hôtel Drouot, déléguant le soin d'acheter à son associé, le sage Fatout !

Le comble, le dernier degré du flair, c'est qu'aujourd'hui, en homme habile, il modifie son jeu. Il avait autrefois découvert ce principe si simple, que c'est sur les livres chers que l'on gagne beaucoup d'argent. Les temps sont devenu difficiles, eh bien ! il a émis la prétention de vendre jusqu'à nouvel ordre des livres bon marché. Et il le fait comme il le dit. Il y a maintenant chez lui des occasions magnifiques. Que le moment serait admirablement choisi pour commencer une bibliothèque de vrais beaux livres !

A son tour, il a maintenant pour commis un jeune sous-Morgand, qu'on appelle encore familièrement par son prénom d'Edouard, et qui, déjà, vous manipule un client avec une assurance extraordinaire. Je vous donne mon billet qu'Edouard ira loin.

317. Pygmalion. Recueil des six figures in-8 d'Eisen, gravées par de Ghendt. Album.

Avant la lettre (Très rare) et avec la lettre. Plus l'eau-forte d'une septième figure qui n'a pas été terminée ; plus, un joli en-tête de Marillier, sur le sujet de Pygmalion.

318. PYGMALION, scène lyrique de J.-J. Rousseau mise en vers par Berquin, 1775, grand in-8; illustrations de Moreau et Marillier.

Admirable exemplaire en grand papier, contenant les épreuves hors

TEXTE des vignettes, et, le titre AVANT LA LETTRE, pièce rarissime portant la signature de Marillier.

Il est relié sur brochure par CUZIN, maroquin vert, avec une ornementation des plus riches et des plus élégantes, empruntée pour l'extérieur au titre les *Grâces* de Moreau. C'est une heureuse innovation apportée dans l'ornement des reliures par notre bibliophile, et je dirai même une audace, car, en matière de reliure, vouloir essayer de sortir des copies des anciens fers, c'est vouloir se faire lapider. Cette reliure est DOUBLÉE en maroquin rouge, ornée à l'intérieur d'une des plus belles dentelles qu'on puisse voir, genre Derome !
Dans un étui.

Ce *Pygmalion* place Cuzin très haut dans la hiérarchie des relieurs.

319. IDYLLES et ROMANCES , par Berquin , 1775-1776 , 3 vol. in-16 , figures de Marillier.

Exemplaire de RENOUARD.
Papier de HOLLANDE.
Figures AVANT LES NUMÉROS.
La plupart des EAUX-FORTES.
Et tous les DESSINS ORIGINAUX.
Reliure de BOZÉRIAN, maroquin vert, compartiments sur les plats, dos orné.
Pas un mot de plus , n'est-ce pas ?

320. LES BIENFAITS DU SOMMEIL , par Imbert , 1776 , in-12 ; figures de Moreau.

Les gravures sont en deux états, AVANT et avec LES CADRES.
Reliure de Cuzin en maroquin bleu, trois filets.

321. Les A-Propos de Société. — Les A-Propos de la Folie , par Laujon, 1776, 3 vol. in-8 ; illustrations de Moreau.

Les trois frontispices sont AVANT LES NUMÉROS.
Cartonné en vélin blanc par Lemardeley.

322. Journée de l'Amour ou Heures de Cythère. A Gnide , 1776, in-8 , illustrations de Taunay,

Relié sur brochure par Brany, maroquin bleu, trois filets.

323. LE PAYSAN PERVERTI et LA PAYSANNE PERVERTIE, par Restif de la Bretonne , 1776-1784 , 9 vol. in-8, figures de Binet.

Relié (et sur brochure encore !) par TRAUTZ, en maroquin citron janséniste.

Avoir le *Paysan* et la *Paysanne* est d'un bibliophile.
Avoir le *Paysan* et la *Paysanne* reliés par Trautz , est d'un bibliophile très-fort.
N'avoir que le *Paysan* et la *Paysanne*, sans aucun autre livre de Restif, est d'un bibliophile extraordinairement fort.

Oui, il a fallu être de grande première force pour résister à l'engouement artificiel qui s'était produit sur les Restif de la Bretonne. Ce fut un des chefs-d'œuvre de Morgand, une de ces grandes opérations complexes dont nous parlions tout à l'heure.

Il y a douze ans, les Restif disparaissaient de la circulation à vue d'œil. Une puissance mystérieuse les aspirait évidemment, mais où aboutissait ce drainage ?

Un jour, en furetant chez Fontaine, il nous prit l'envie de descendre le petit escalier en spirale, jusqu'où il plairait audit escalier de nous mener. Il nous mena naturellement à la cave. Mais quelle cave ! Un salon éclairé au gaz, garni de rayons sur toutes les faces, et sur les rayons des Restif, des Restif, tous les Restif, les fameux Restif, en quantité inimaginable. Nous avions trouvé la soûte aux Restif !

A cette époque, Morgand demandait au bibliophile Jacob une bibliographie détaillée de Restif de la Bretonne. A peine cette bibliographie raisonnée, savante, anecdotique et même croustillante eut-elle paru, que l'univers bibliophile se précipita sur les Restif.

Morgand était radieux, et, dans ses conversations avec les intimes, il montrait l'instrument du succès. Voilà, ajoutait-il, avec un sourire de satisfaction, *la manière de s'en servir !* Et en disant cela, il montrait un supplément insidieux ajouté au livre du bibliophile Jacob. C'était le *Catalogue à prix marqué des ouvrages de Restif en vente à la librairie Fontaine*, « réunis, disait le titre, *en vue de cette bibliographie.* » C'était le catalogue de la fameuse cave.

Jugez un peu de la « manière de s'en servir ». Pour vingt mille francs on vous faisait cadeau des œuvres complètes de Restif, reliées en maroquin. Hâtons-nous d'ajouter que si vous vous contentiez d'un exemplaire en demi-reliure, on vous le donnait tout de suite pour dix mille. Le prix des ouvrages séparés était de la même douceur.

Le réservoir se vida.

Est-il nécessaire d'ajouter qu'ensuite les Restif, cessant d'être soutenus, éprouvèrent une jolie baisse, et que, depuis, on a cessé de délirer pour ces bouquins imprimés avec des têtes de clous sur du papier à chandelle ?

324. Gœthen's Schriften. Berlin, 1777, 3 vol. in-18, figures de Chodowiecki.

325. GRAMMAIRE DES DAMES, dédiée à la Princesse de Lamballe, par M. de P..., 1777, in-12 ; frontispice de Marillier.

Reliure ancienne, en maroquin rouge.

326. LES INCAS, par Marmontel. Paris, Lacombe, 1777, 2 vol. in-8, fig. de Moreau.

Cartonné non rogné.
Très précieux exemplaire contenant les onze figures AVANT LA LETTRE (dont une non terminée). Le seul que je connaisse dans cette condition.

Il a fallu vingt ans pour réunir cette suite.

327. L'ORIGINE DES GRÂCES, par Melle Dionis-Duséjour, 1777, in-8, figures de Cochin.

Les figures sont avec et AVANT LA LETTRE.
Reliure de CUZIN, en maroquin bleu, large dentelle pompadour, et DOUBLÉE de maroquin orange avec dentelle intérieure à petits fers.

328. Romans et Contes de Voltaire , édition dite *de Bouillon* , 1778, 3 vol. in-8 , figures de Monnet et autres.

Épreuves avant les numéros.
Reliure de Lortic en maroquin vert.

329. RECUEIL DES MEILLEURS CONTES EN VERS, (autrement dit, Les Petits Conteurs) 1778 , 4 vol. in-18 , vignettes attribuées à Duplessi-Bertaux.

Ce précieux exemplaire contient toutes les vignettes en tirage hors texte, sur fort papier de Hollande.

Il a été relié sur brochure et non rogné, par Lortic, en maroquin orange, large dentelle à petits fers sur les plats, très-élégante. La reliure est doublée en maroquin mosaïqué, orange, vert, bleu et rouge, formant des caissons dorés au pointillé. Cet intérieur est unanimement reconnu comme un chef-d'œuvre. Les gardes sont en tabis; (si vous voulez avoir l'air connaisseur, ne manquez pas d'esquisser une légère moue en les apercevant). — Dans des étuis.

Je ne crois pas qu'il existe un autre exemplaire des *Petits conteurs* aussi merveilleux que celui-ci.

C'est un de ces livres qu'on peut montrer avec certitude de produire son effet, si l'on montre ses livres, c'est-à-dire si l'on est bibliophile de 1875 , bibliophile pour jouir de ses livres et en tirer toutes les satisfactions qu'ils peuvent donner. Or, il n'est pas de plus suave plaisir que *d'avoir des livres comme les autres n'en ont pas.* Ne cherchez pas ailleurs le véritable but que poursuit le bibliophile.

A la condition d'être de première force, et sûr de soi, il y a dans cette exhibition des livres une source de voluptés particulières, que parmi toutes les variétés de collectionneurs le bibliophile seul connaît , parce que seul entre les bibelots le livre se prête à des comparaisons précises.

Les objets de curiosité, d'ordinaire, sont uniques et non comparables entre eux. Ils ont des similaires, pas de pareils. Ils sont comme ils sont, beaux ou médiocres, en bon ou en mauvais état, c'est à prendre ou à laisser.

L'estampe même ne se prête pas à la comparaison comme le livre. Quand elle est en premier état, propre, et un centimètre de marge au-delà des *témoins*, on n'a plus rien à exiger d'elle.

Mais le livre ! Il est comparable avec des centaines de ses pareils, de ses frères d'édition. Il peut être dans dix degrés de conservation et de propreté différents. Multipliez cela par dix conditions différentes de grandeurs de marge. Multipliez le tout par vingt conditions de reliure et de provenance. Multipliez encore, s'il s'agit d'un livres à figures par les conditions de qualité des épreuves. Bref, le même ouvrage peut être bouquin, livre, bon livre, joli livre, beau livre, superbe livre, *rara avis*, perle, joyau incomparable, (continuez la progression, suivant la richesse de votre imagination). Mais, fût-il joyau ou trésor, il est presque toujours attaquable par quelque côté , au moyen d'une comparaison, et c'est dans cette comparaison qu'est le *hic*, l'intérêt suprême : ce genre de plaisir là, le bibelotier ne le connaîtra jamais.

Voilà, par exemple, la Vénus de Milo. Il n'y en a qu'une. Il faut donc la prendre comme elle est : c'est une merveille, même sans les bras. Mais supposez qu'on en connaisse seulement une douzaine d'exemplaires, aussitôt les comparaisons vont commencer: — La vôtre n'a pas de bras, tandis que la mienne en a un! — Oui, mais le bout de votre nez est rogné ! — C'est peu de chose, je le ferai refaire par Debroise. — Le grain de mon marbre est plus blanc. — Parbleu! il a été lavé ! — Il est aussi plus fin. — Mais il a une veine noire. — Mon dos me semble plus réussi. — Peut-être, mais la figure n'est point en état. C'est une drogue. Je n'en voudrais pas pour rien... (*Je n'en voudrais pas pour rien* est un refrain pour ainsi dire classique).

Aussi quelle scène que la visite aux livres d'un confrère!

Il faut dire que celui qui les montre est agressif, à n'en pas douter. Onctueux de forme, il écharpe son rival par la pensée. Il semble présenter ses livres humblement ; *in petto* , voici ce qu'il pense :

— « Tiens, voila un elzevir, je sais que tu en as un de cent-trente millimètres, eh bien ! le mien en a cent trente-et-un et demi. Attrape ! Tiens, vois ce Molière: ton exemplaire, je le sais, est en « vieux veau», le mien est en maroquin, et doublé encore. Bisque ! Tiens, regarde ce volume, tu l'as avec les figures avant la lettre, moi, j'ai les eaux-fortes. Rage ! Regarde encore celui-ci, il y a dedans les dessins originaux. Pare ce coup-là si tu peux ! »

Ne croyez pas que l'autre soit le moins du monde démonté, et admirez la contexture de ses réponses, faites avec un flegme imperturbable :

— Cent trente-et-un et demi! *Ah ! si on l'avait non rogné!*

— Doublé ! *Voyez-vous d'ici, s'il y avait dessus les petits moutons* (1) *combien ça vaudrait-il ?*

— Les eaux-fortes ! *Dites-donc, trouver à une vente les dessins originaux et les mettre dans l'exemplaire, hein ? C'est ça qui ferait un livre !*

— Les dessins ! *Et dire qu'en faisant un effort à la vente La Bédoyère, on aurait pu avoir toute une bibliothéque comme ça!*

Ainsi de suite.

Et voilà pourquoi, lorsque, bibliophiliquement parlant, on n'est pas taillé en Hercule, montrer ses livres est un acte délicat. On n'en a même pas commis de plus grave depuis Candaule.

Instant terrible que celui où le grand bibliophile vient jeter le coup d'œil du critique dans la collection d'un amateur peu solide : tous deux se regardent, l'un terrible, l'autre fasciné, comme Désiré et Léonce dans les deux chinois de *Fleur de Thé* (musique de Lecocq) :

LE GRAND BIBLIOPHILE.
Je suis clairvoyant comme un sphynx.

LE PETIT BIBLIOPHILE.
Comme un sphynx !

LE GRAND.
Rien n'échappe à mon œil de lynx.

LE PETIT.
Œil de lynx !

LE GRAND.
Je vois tout !

LE PETIT.
Il voit tout ! !

LE GRAND
Je sens tout!

LE PETIT
Il sent tout ! ! !

LE GRAND
Je fourre mon nez partout!

LE PETIT
Nez partout ! ! ! !

---

(1) La marque de Longepierre.

Mais une scène à ravir la pensée, un idéal, c'est lorsque les visiteurs sont deux et qu'ils s'en vont ensemble. Les voilà sur l'escalier, écoutons-les parler des livres qu'ils viennent de voir chez leur accueillant confrère :

— Il vous plaît, a vous, son *Virgile* elzevir ?

— Peuh ! Un peu court.

— Rogné jusqu'à la moëlle.

— Il n'avait qu'à le donner à son relieur préféré, un homme qui vous lamine les livres de telle sorte que lorsqu'il vous les rend, ils ont un centimètre de plus que lorsque vous les lui avait donnés. Il fait des in-12 avec des in-18 (1). Et son *Plutarque*, l'aimez-vous ?

— Peuh ! L'exemplaire est grand, mais le maroquin vert est un peu passé.

— Oui, il est assez pisseux (*sic*). Et ses *Portes de fer*, que dites-vous de cette reliure nouvelle avec cette débauche de dorures.

— Ça, une reliure ? C'est le foyer de l'Opéra (2). Et puis je n'admets pas les reliures de ce relieur-là. Elles me dégoûtent (*sic*). Quand je suis obligé d'acheter des volumes qui en ont, je ne veux même pas y toucher, JE FAIS MONTER UN COMMISSIONNAIRE POUR LEUR CASSER LES REINS ! (3).

— Et moi donc ! Imaginez-vous qu'il m'a rapporté hier un volume que je m'étais laissé aller à lui confier, je ne sais pas pourquoi. Il a vu sur ma table un livre relié par Trautz, et ce sauvage a eu l'inconvenance inouïe de se permettre une observation critique. On n'a pas idée de ça ! Je n'ai rien dit, je lui ai payé son livre, et immédiatement, devant lui, j'ai pris un canif, déboîté le livre qu'il me rapportait, et jeté la reliure par la fenêtre (4).

— Bravo ! Dites-moi, vous avez vu tout à l'heure ces *Petits conteurs* en maroquin ancien, la reliure est bien jolie.

— Oui, c'est bien dommage que les épreuves soient un peu faibles !

— Un peu faibles ! Dites usées, rasées, rincées, resucées, ratiboisées. C'est une lavasse. Je n'en voudrais pas pour rien.

— Je vous voyais tout à l'heure regarder le *Villon*. N'avez-vous rien remarqué ?

— Non.

— Eh bien... (*il lui parle à l'oreille*).

— Bah ! pas possible. Oh non ! Un raccommodage ?

— Parfaitement. C'est un feuillet refait. On ne le voit pas du tout, je m'empresse de le reconnaître. Mais ça ne fait rien, pour moi, j'en ai la conviction, c'est un feuillet refait !

— Mais alors, notre ami aussi est refait...

(*Ils se tordent de rire, se serrent la main et se séparent*).

330. HISTOIRE DE LA MAISON DE BOURBON, par Désormeaux, 1779-1788, 5 vol. in-4, vignettes de Moreau, fleurons de Choffard, etc.

Les vignettes et les fleurons sont en tirage HORS TEXTE, sur fort papier de Hollande. Les portraits sont en doubles épreuves.

Reliure de Cuzin, maroquin bleu, trois filets. Roulette intérieure à fleurs de lys.

---

(1) Historique.
(2) Historique.
(3) Historique. Voilà à quel degré d'intransigeance vont les passions, pour les questions de reliures.
(4) Historique.

331. Tangu et Félime, par La Harpe, 1780, in-12, figures de Marillier.

Relié sur brochure par Brany, maroquin orange, trois filets.

332. LA PUCELLE D'ORLÉANS, par Voltaire, édition Cazin, 1780, in-8 ; vignettes de Duplessi-Bertaux.

Exemplaire en GRAND PAPIER, contenant les vignettes de Duplessi-Bertaux TIRÉES HORS TEXTE, et la petite suite de Marillier.

333. Musarion, par Wieland, 1780, in-8 ; figures de Saint-Quentin.

334. Galerie de tableaux, ou Contes nouveaux par un descendant de Jean Boccace, pour servir à l'éducation du beau sexe, Tempé, 1780, in-8, figures de Martinet.

335. Le Fond du Sac, par F. Nogaret, édition Cazin, 1780, in-18; vignettes de Durand.

Demi-reliure par Brany.

336. CONTES DE LA FONTAINE, édition Cazin, 1780, 2 vol. in-18, figures de Desrais.

Reliure de CUZIN, en maroquin bleu, trois filets et dent de rat, DOUBLÉE en maroquin citron, dentelle intérieure à petits fers.

337. L'HEPTAMÉRON, nouvelles de Marguerite de Navarre, 1780-1781, 3 vol. in-8, figures de Freudeberg, fleurons de Dunker.

Relié sur brochure par Capé, maroquin rouge ancien, dorure XVIe siècle, avec armes sur les plats et chiffre couronné sur le dos.

338. ŒUVRES DE JEAN-JACQUES ROUSSEAU, édition Cazin, 17 vol. in-12 ; figures de Marillier.

Très-bel exemplaire en GRAND PAPIER, contenant les figures AVANT LA LETTRE et dans une charmante reliure ancienne en maroquin vert, trois filets, dos orné.
Provenance : LE BARBIER DE TINAN.

339. MÉMOIRES HISTORIQUES SUR RAOUL DE COUCY, par J.-B. de La Borde, 1781, 2 vol. in-8 ; figures.

Exemplaire de RENOUARD, imprimé sur VÉLIN.
Reliure de Simier en maroquin bleu.

340. Conspiration de Chalais. Londres, 1781, in-12; portraits.

341. TÉLÉMAQUE (les six premiers livres seulement), texte gravé par Drouet, 1781, in-4; illustrations de Cochin, Eisen, Moreau.

> Reliure ancienne en maroquin rouge.

342. Les Plaisirs de l'Amour, 1782, in-12; figures.

343. Parapilla, par Bordes, édition Cazin, 1782, in-18; figures attribuées à Borel.

344. LE CONGRÈS DE CYTHÈRE, par Algarotti, 1782, in-18; frontispice de Quéverdo.

> Jolie reliure de DEROME, en maroquin rouge, trois filets.

345. Œuvres d'Horace. Londres, 1783, 2 vol. in-8; figures.

> Cartonné, non rogné.

346. ROLAND FURIEUX, de l'Arioste, 1783, 4 vol. in-8; figures de Cochin et Moreau.

> C'est l'édition de Baskerville, avec deux portraits de Ficquet, trente-huit figures AVANT LA LETTRE et vingt-et-une EAUX-FORTES.
> Reliure de Cuzin en maroquin rouge, compartiments sur les plats.

347. TÉLÉMAQUE, 1783, 2 vol. grand in-4; figures de Monnet gravées par Tilliard.

> On y a ajouté la suite des figures de Moitte coloriées, celle des figures de Marillier AVANT LA LETTRE, et quatorze gravures de la suite des estampes de Boucher, Cochin, etc.
> Demi-reliure par Brany.

348. LES GÉORGIQUES, traduction de Delille, 1783, in-4 : figures d'Eisen et Moreau.

> Les figures d'Eisen AVANT LE CADRE, celles de Moreau AVANT LA LETTRE. Cartonné, non rogné.

349. ŒUVRES DE VOLTAIRE, édition dite de Kehl, 1784-1789, 70 vol. in-8; figures de Moreau.

> Les figures de ce superbe exemplaire sont AVANT LA LETTRE, et bien complètes, cela va sans dire.
> Reliure de BOZÉRIAN, en maroquin rouge.

350. Le Bijou de la Société , 1784 , in-16 , figures attribuées
à Desrais.

> Contes un peu graveleux, c'était une rage à cette époque; il ne sera
> pas dit que notre XIXe siècle aura eu le monopole des pornographes.

351. Freund heins erscheinungen in Holbeins manier, von
Schellenberg , 1785.

352. L'Harmonie imitative de la langue française , par Piis ,
1785, in-18 ; portrait gravé par Gaucher.

> Cartonné, non rogné.

353. CHANSONS DE PIIS, 1785, in-18; figures de Le Barbier
gravées par Gaucher.

> Un des plus jolis exemplaires connus. Les figures sont très-belles
> d'épreuves. On y a ajouté le portrait de Piis, par Gaucher.
> Reliure de THIBARON-JOLY, sur brochure, en maroquin rouge, trois
> filets, DOUBLÉE de maroquin vert, gracieuse dentelle intérieure.

354. LA FOLLE JOURNÉE , ou le Mariage de Figaro , comédie de Beaumarchais , édition dite *de Kehl*, 1785, grand
in-8 ; figures de Saint-Quentin.

> Un des livres importants de la Bibliothèque.
>
> Il contient la suite des figures de Saint-Quentin, gravées par Liénard
> et Halbou, dans l'état rarissime AVEC LES CADRES, à toutes marges.
> Quatre EAUX-FORTES de la même suite (de l'exemplaire Pixérécourt).
> Plus les mêmes compositions gravées par Malapeau et Roy.
> Cinq sujets ronds à la sanguine d'après Garneray, etc.
> Les portraits de Beaumarchais par Saint-Aubin et par Le Roy, de
> Mlle Contat par Janinet et par Desrais, de Molé en couleur, de Dazin-
> court.
> Le rare *errata* se trouve à la fin du volume, qui se termine par une
> eau-forte satirique et une chanson contre Beaumarchais.
> Reliure de CUZIN en maroquin vert, dos et plats quadrillés en losange
> avec rosaces et dent courante, DOUBLÉE de maroquin rouge, compar-
> timents intérieurs et attributs.
> Dans un étui en peau de chamois.
>
> Cet exemplaire revient à la somme de sept mille francs.

355. Étrennes lyriques pour 1785. — Idem pour 1787, 2 vol.
in-18; figures de Cochin gravées par Gaucher.

356. Cabinet des Fées , 1785-1789 , suite des figures de
Marillier, en un album in-8.

357. JOSEPH , par Bitaubé , 1786 , in-8, figures de Marillier.

> Les figures sont AVANT LA LETTRE. Reliure ancienne en veau granit.

358. TABLEAUX DE LA BONNE COMPAGNIE, par Restif de la Bretonne. Paris, 1787, 2 tomes en un vol. in-12, avec les réductions des grandes estampes de Freudeberg et Moreau pour le *Monument du Costume*.

Exemplaire sans défaut, qui contient toutes les figures de l'édition, y compris celle du *Boudoir*.
On y a ajouté :
Les douze gravures réduites de Moreau , AVEC LES PREMIERS TITRES ET *A. P. D. R.*
Les douze charmantes réductions in-18 des compositions de Freudeberg, gravées pour un almanach du temps, dans un état tout à fait supérieur.
Reliure par CUZIN, sur brochure, en maroquin rouge, trois filets, dos orné, DOUBLÉE de maroquin bleu, riches compartiments intérieurs à petits fers , dorure Paillet (c'est-à-dire que le motif en est une imitation des titres des livres du XVIIIᵉ siècle).

359. FABLES DE LA FONTAINE, 1787 (Didot), 6 vol. in-18 ; figures gravées par Simon et Coiny.

Exemplaire du Baron WALKENAER.
Les gravures SONT AVANT LES NUMÉROS. Cartonné, non rogné.

360. Les Voyages imaginaires, 1787-1789, suite des figures de Marillier, en un vol. in-8.

361. ŒUVRES DE PALISSOT, 1788 , 4 vol. in-8 ; figures de Monnet.

Reliure ancienne en maroquin rouge, trois filets, dos orné, aux armes de MARIE-ANTOINETTE.
Dans des étuis du temps.

362. Paul et Virginie, 1788 , in-18. Titre gravé.

Cette édition est-elle bien de 1788 ? N'est-elle pas plutôt une contrefaçon antidatée du petit volume suivant ? Grave question !

363. PAUL ET VIRGINIE, 1789, (imprimerie de Monsieur), in-18, figures de Moreau.

PAPIER VÉLIN, figures AVANT LA LETTRE.
Reliure ancienne, en maroquin rouge, dentelle, couronne et chiffre sur les plats, dos orné, doublée de tabis bleu.

Exemplaire particulièrement précieux, car Bernardin de Saint-Pierre l'a fait établir pour l'offrir à la baronne de Drucourt ; il a fait dessiner un frontispice par Crussaire, — artiste d'ailleurs peu connu, — et sur le frontispice se trouve un *envoi* daté du 18 janvier 1790 et signé : *De Saint-Pierre*. Il y a également à la fin du volume, sur la page du privilège, un dessin d'ornementation.
C'est donc un exemplaire très-amusant de ce petit *Paul et Virginie* de 1789, qui est, pour le moment, un livre de premier ordre : c'est

la folie du jour ; depuis quelques années on se le dispute avec rage. (3000 francs, vente de Tinan. L'exemplaire était en reliure doublée par Trautz).

364. Cantiques et Pots-pourris, 1789, in-18, figures de Borel.

Reliure ancienne en veau marbré.

365. Le Jardin d'Ermenonville , 1788. — Le Jardin de Chantilly, 1789, 2 vol. in-8 ; vues au lavis gravées par Mérigot.

366. Contes pour ceux qui peuvent encore rire. Plaisance , 1789, in-12, portrait de l'auteur vu de dos, gravé par Lebeau.

367. Almanach littéraire ou Étrennes d'Apollon, par d'Aquin de Château-Lyon , 1789, in-8, frontispice de Marillier.

Il n'est pas un bibliophile qui n'ait dit que sans les vignettes d'Eisen et de Marillier, les livres de Dorat seraient restés dans le dernier discrédit. Voici par quel vers Dorat paya à Marillier son tribut de reconnaissance. Ils ont paru dans cet almanach, (page 76) :

> *Vivent d'habiles interprêtes !*
> *Je m'affligeais, tu viens me consoler ;*
> *Mes bêtes me semblaient muettes ,*
> *Et ton crayon les fait parler.*
> *Quels ingénieux artifices !*
> *Que de traits délicats sous tes doigts sont éclos !*
> *Émule des Cochins, rival des Gravelots ,*
> *Je t'ai fourni quelques esquisses ,*
> *Tu les transformes en tableaux.*
> *Grâces à toi, mes moutons m'attendrissent ,*
> *Je prends en haine mes hiboux ,*
> *Mes singes, mes renards, mes rats me divertissent ,*
> *Et j'ai presque peur de mes loups.*
> *Grand merci de cette imposture ,*
> *L'ouvrage te doit tout son fard*
> *Mes animaux n'étaient qu'enfants de l'art*
> *Et tu les rends à la nature.*
> *Cueille la palme des talents ;*
> *Parmi les noms fameux que l'avenir te cite ;*
> *La Fontaine est mort pour longtemps*
> *Mais Oudry dans toi ressuscite.*

Ce dernier trait n'est vraiment pas mal !

368. ŒUVRES DE REGNARD , 1789-1790, 6 vol. in-8 , figures de Moreau et Marillier.

Très-bel exemplaire en reliure ancienne, maroquin rouge, trois filets, dos orné : gravures au premier état.

369. AVENTURES DE TÉLÉMAQUE , 1791 , 2 vol. in-8.

Figures ajoutées de Moreau, Cochin, Marillier, AVANT LA LETTRE.

370. JEHAN DE SAINTRÉ , par M. de Tressan , 1791 , in-8 ;
figures de Moreau.

> Exemplaire en PAPIER VÉLIN.
> Figures AVANT LA LETTRE et EAUX-FORTES.
> Relié sur brochure, par Cuzin, en maroquin bleu janséniste, roulette
> intérieure.

371. ALMANACH DE LA RÉVOLUTION, par Rabaut Saint-Étienne,
1792, in-18 , figures de Moreau.

> Exemplaire en PAPIER VÉLIN.
> Figures AVANT LA LETTRE,
> Relié sur brochure, par Thibaron-Joly, en maroquin rouge, trois
> filets, dos orné.

372. LES MAXIMES DE LA ROCHEFOUCAULD, 1792 (Didot), in-12,
portrait gravé par Gaucher.

> GRAND PAPIER VÉLIN. Le portrait AVANT LA LETTRE avec son
> EAU-FORTE.
> Demi-reliure.

373. Poésies de Collier, par Jacquemont, 1792, figures.

> Reliure en maroquin orange, par Brany.

374. Fables de Florian , 1792 (Didot) , in-18 , figures de
Flouest.

> Relié sur brochure, par Reymann, maroquin rouge janséniste.

375. Galatée , pastorale de Florian , 1793 , in-4 , figures de
Monsiau en couleur.

> Dans un cartonnage de Lemardeley.

376. Lucrèce , De la Nature des Choses , 1794 , 2 vol. in-4 ;
figures de Monnet.

> Reliure ancienne en veau.

377. ANACRÉON, 1794 (Didot), in-18 ; figures de Quéverdo.

> PAPIER VÉLIN. Figures AVANT LA LETTRE et EAUX-FORTES.
> Reliure ancienne en maroquin rouge, compartiments sur les plats.
> dos orné ; doublée de tabis bleu.

378. ŒUVRES DE GRESSET , 1794 (Didot) , in-12 , figures
de Moreau.

> Très-rare exemplaire en GRAND PAPIER. Provenance : PIXÉRÉCOURT,
> Les figures sont AVANT LA LETTRE.

Reliure de BOZÉRIAN, en maroquin rouge, compartiments sur les plats ; doublée de tabis bleu.

Bozérian ! Il n'est pas nécessaire d'être un vieux bibliophile pour avoir connu le temps où l'on faisait casser ses reliures pour les faire refaire par Capé. Jolie opération !
Mais les bibliophiles de 1875 l'ont vite remis en bonne posture. J'ai cité ailleurs un *Gessner* relié par Bozérian, qui passa rapidement du prix de 500 francs à celui de 4000. Je mentionnerai encore un *Gresset* de Renouard, reliure de Bozérian *à l'éventail*, qui s'est vendu 400 francs en 1872, puis plus tard 1000, et dont on veut actuellement 3000.
Du haut du paradis des relieurs, Bozérian, tu dois être content !

Il faut dire aussi que ces exemplaires contenaient les figures avant la lettre, avec les eaux-fortes.

Avec les eaux-fortes !

Seuls les bibliophiles de 1875 comprendront quel monde de sensations évoquent ces mots. Avant eux, on recueillait les eaux-fortes : les appréciait-on ? Comme rareté, assurément ; comme art, ce n'est pas certain. Le charme des eaux-fortes sauta à l'œil de ceux qui eurent l'honneur de découvrir de nos jours les vignettistes du XVIIIe siècle. Soudain, les bibliophiles de 1875 s'éprirent pour elles d'une passion furieuse. Les amateurs trouvaient dans leur possession une source de voluptés nouvelles : pour eux, l'eau-forte, c'était la gravure se laissant surprendre en déshabillé ! Immédiatement, les eaux-fortes firent un bond colossal. On voulut tout avec elles ; on ne voulut plus rien sans elles. Un collectionneur vous montrait-il un livre, avant de daigner étendre la main pour le prendre, votre œil lançait un regard interrogateur, qui voulait dire :

Avec les eaux-fortes ?

Vous croisiez un bibliophile sortant d'une librairie, un livre sous le bras. — Encore une acquisition ? demandiez-vous. Et lui répondait, frappant d'un doigt triomphant sa trouvaille :

Avec les eaux-fortes !

Un libraire vous proposait un volume : votre pouce inquiet, feuilletant rapidement, allait chercher derrière la gravure si l'eau-forte indispensable était présente. Sinon, l'on repoussait l'offre avec dédain. Mais le libraire, à son tour, savait se rattraper, lorsque vous aviez un livre à lui faire passer dans un échange ; c'est lui qui suspendait alors sur votre tête la fameuse question :

Avec les eaux-fortes ?

On perdit la mesure. *Avec les eaux-fortes* répondit à tout, et fit passer au rang de livres de première classe des volumes plus que discutables. Médiocre dessin, médiocre gravure, qu'importe ? Pour changer l'ivraie en bon grain, il suffisait du mot magique :

Avec les eaux-fortes !

L'expression passa en proverbe pour désigner la perfection. Un dîner était fin, succulent, avec les eaux-fortes. Une femme était ravissante, accomplie, avec les eaux-fortes. Les amateurs d'estampes se mirent de la partie ; ici la formule était légèrement modifiée, ce n'était plus *avec les eaux-fortes*, c'était EAU-FORTE PURE ! Eux aussi amenèrent les *eaux-fortes pures* à des prix extravagants. (Il a fallu en rabattre. Mais les eaux-fortes de vignettes tiennent toujours bon). On fit des folies ; je ne les blâme pas. Je me vante d'avoir été, comme Eugène Paillet, un des fanatiques des eaux-fortes. Nous ne sommes pas guéris. Oui, c'est toujours avec orgueil que regardant, lui ses livres, moi mes estampes, nous nous disons, satisfaits et plaignant les désabusés :

Avec les eaux-fortes.

379. CONTES DE LA FONTAINE , 1795 (Didot), 2 vol. in-4, figures de Fragonard et autres.

L'exemplaire comprend toutes les figures AVANT LA LETTRE et les EAUX-FORTES connues, moins l'eau-forte du fleuron du titre, et les pièces introuvables de l'*Amour mouillé* et de *Féronde*. (On peut se consoler quand on a les dessins originaux, dans le manuscrit fameux ci-dessus décrit sous le n° 10).

C'est le livre à la mode. On s'arrache chaque gravure pour arriver à faire des exemplaires aussi complets que possible. (On sait que la publication des gravures a été interrompue : de là, la difficulté de se procurer les épreuves qui n'ont pas été mises dans le commerce). Ne vient-on pas, dit-on, de voir une seule de ces gravures vendue *seize cents francs* à un amateur, et sans marge, encore ! C'est la fureur.

380. LES AMOURS DE PSYCHÉ ET DE CUPIDON, par La Fontaine, 1795 (Didot), grand in-4, figures de Gérard.

Exemplaire de RENOUARD, en GRAND PAPIER VÉLIN.
Figures de l'édition AVANT LA LETTRE, et diverses pièces ajoutées.
On y a ajouté également les figures in-4 de Moreau, AVANT LA LETTRE, avec leurs EAUX-FORTES.
Demi-reliure.

381. IDYLLES DE BION ET MOSCHUS , 1795 (Didot), in-18 , figures de Le Barbier.

PAPIER VÉLIN.
Figures AVANT LA LETTRE et EAUX-FORTES.
Le portrait de Gail par Gaucher, dans les mêmes états.
Relié sur brochure par Capé, maroquin rouge, trois filets.

382. Les Saisons , de Thompson , 1795, in-18 , figures de Binet.

Figures AVANT LA LETTRE.

383. LE TEMPLE DE GNIDE , par Montesquieu , 1795 , in-18 , figures de Regnault et Le Barbier.

PAPIER VÉLIN.
Figures AVANT LA LETTRE et EAUX-FORTES.
Tirage hors texte du petit portrait de Montesquieu, qui forme fleuron de titre.
Reliure de BOZÉRIAN en maroquin rouge, compartiments sur les plats, dos orné, doublée de tabis.

384. Œuvres de Madame Deshoulières, 1795 (Didot), in-18, figures de Marillier.

> Papier vélin. Les gravures de l'édition avant la lettre. Treize figures ajoutées.
> Reliure de Brany, en maroquin bleu, trois filets.

385. GIL BLAS, 1795 (Didot), 4 vol. in-8; figures de Bornet, etc.

> Grand papier vélin.
> Figures avant la lettre.
> Reliure de Bozérian, maroquin rouge, dentelle sur les plats, doublée de tabis vert.

386. Les Amours de Psyché et de Cupidon, par La Fontaine, 1796, in-12, figures de Binet.

> Figures avant la lettrre. Cartonné, non rogné.

387. Les Liaisons dangereuses, par Choderlos de Laclos, 1796, 2 vol. in-8, figures de Monnet et Melle Gérard.

> Papier vélin. Figures avant la lettre (avec les papiers de soie!).
> Reliure ancienne en veau.

388. Œuvres complètes de Grécourt, 1796, 4 vol. in-8, figures de Fragonard fils.

> Papier vélin. Les figures (affreuses d'ailleurs) avant la lettre.
> Cartonné sur brochure par Thouvenin.

389. Œuvres poissardes de Vadé, 1796, in-4, figures de Monsiau en couleur.

> Cartonné sur brochure par Lemardeley.

390. Télémaque, édition *Bleuet*, 1796, 4 vol. in-18, figures de Lefèvre.

> Grand papier vélin. Figures avant la lettre.
> On a ajouté la suite de Quéverdo, avant la lettre.
> Reliure ancienne en veau.

391. LETTRES D'UNE PÉRUVIENNE, par Mme de Graffigny, édition Bleuet, 1797, 2 vol. in-18, figures de Lefèvre.

> Grand papier vélin.
> Figures avant la lettre et eaux-fortes.
> Reliure de Bozérian, en maroquin rouge, filets.

392. PRIMEROSE, par Morel de Vindé, édition *Bleuet*, 1797, in-18 ; figures de Lefèvre.

> Grand papier vélin.
> Figures AVANT LA LETTRE et EAUX-FORTES.
> Reliure de Thibaron-Joly, maroquin vert janséniste.

393. VOYAGES DE GULLIVER, par Swift, édition *Bleuet*, 1797, 4 parties en 2 vol. in-18, figures de Lefèvre.

> Grand papier vélin.
> Figures AVANT LA LETTRE et EAUX-FORTES.
> Reliure de Bozérian, maroquin rouge, dentelle à froid, doublée de tabis violet.

394. MANON LESCAUT, édition *Bleuet*, 1797, 2 vol. in-8, figures de Lefèvre.

> Grand papier vélin.
> Figures AVANT LA LETTRE et EAUX-FORTES.
> Reliure de Trautz, sur brochure, en maroquin bleu, trois filets, dos orné, DOUBLÉE de maroquin citron, dentelle intérieure, tranche dorée.
> Livre très à la mode. Aussi, notre bibliophile l'a-t-il fait relier dans des conditions exceptionnelles.
> Il est très-gentiment imprimé.
>
> Il faut bien reconnaître que les figures de Lefèvre sont d'une rare insignifiance. Celle où Des Grieux est étendu, vu à postériori, frise même le grotesque.

395. LES AMOURS DE PSYCHÉ ET DE CUPIDON, par La Fontaine, 1797, 2 vol. in-8, réduction des grandes figures de Moreau, gravées par Delvaux.

> Précieux exemplaire en PAPIER VÉLIN, dans lequel se trouvent, avec les figures AVANT LA LETTRE, toutes les EAUX-FORTES.
> Reliure DOUBLÉE, de Cuzin, sur brochure, en maroquin bleu, compartiments sur les plats, dos orné, l'intérieur en maroquin citron, dentelle.

396. ŒUVRES DE P. J. BERNARD, 1797 (Didot), in-4, figures de Prud'hon.

> Papier vélin FORT d'Angoulême. Figures AVANT LA LETTRE.
> Cartonnage du temps ; non rogné.

397. ROMANS ET CONTES DE VOISENON, édition *Bleuet*, 1798, 2 vol. in-18, figures de Quéverdo.

> Grand papier vélin. Figures AVANT LA LETTRE.
> Cartonnage du temps ; non rogne.

398. Conjuration de Rienzi , par le P. Ducerceau , 1797 , 3 vol. in-18 , figures de Monnet.

Figures AVANT LA LETTRE.
Reliure ancienne en maroquin rouge.

399. Jacques le Fataliste , par Diderot , 1797 , figures de Chaillou.

Édition originale. Les figures y ont été ajoutées.

400. La Religieuse , par Diderot , édition originale , 1797, à laquelle ont été ajoutées les figures de Le Barbier.

Les figures sont AVANT LA LETTRE.
Cartonnage de Lemardeley.

401. ŒUVRES DE BOILEAU, 1798, in-4, figures de Monsiau.

Figures AVANT LA LETTRE.
Reliure du temps, en veau.

402. DAPHNIS ET CHLOÉ , 1798 (Maradan) , in-16 , figures de Monsiau.

PAPIER VÉLIN. Figures AVANT LA LETTRE et EAUX-FORTES.
Reliure de Cuzin, en maroquin rouge, trois filets.

403. VOYAGE SENTIMENTAL , par Sterne , 1799 , in-4 , figures de Monsiau.

Figures AVANT LA LETTRE
Cartonné par Lemardeley.

404. LES CAPRICES , de Goya. Madrid , gr. in-4.

Superbes épreuves.
Reliure de THIBARON-JOLY, sur brochure, en maroquin brun jansé-niste, DOUBLÉE de maroquin La Vallière, large dentelle intérieure ; non rogné.

405. ŒUVRES DE GESSNER. Renouard, 1799, 4 vol. in-8, figures de Moreau.

PAPIER VÉLIN. Figures AVANT LA LETTRE.
Demi-reliure de Bauzonnet, en maroquin orange.

Le *Gessner* marque la fin des livres à figures du XVIIIe siècle ; livres les plus amusants qui soient à regarder, et qui jouissent, grâce aux illustrations, de la propriété de plaire même aux personnes non biblio-philes ; aussi, les regardent-elles volontiers.
Mais méfiez-vous de la main maladroite des profanes qui tirent les

livres par la coiffe et les ouvrent en serrant les pouces. C'est tout un art que de savoir tenir un livre précieux à la fois fermement et moëlleusement, de l'ouvrir, de le manier. Peu de personnes le possèdent, parmi celles qui sont étrangères à la passion des livres. (Un bibliophile aimable céda à la tentation de montrer son exemplaire des *Fables de Dorat* à de jeunes femmes, absolument charmantes d'ailleurs : jugez de sa torture lorsqu'ils les vit tourner les pages du précieux volume à coups de doigt mouillé !) C'est un art aussi que de prendre une grande estampe in-folio entre le pouce et les quatre doigts et de la tenir ainsi toute droite sans la ployer. Il y a des gens qui ne touchent pas à une gravure sans que leur pouce n'y imprime une cassure indélébile. On cite même un amateur bien connu qui avait le talent de casser les estampes des autres, mais ne cassait jamais les siennes. Tout est possible en fait de collectionneur. Introduisez plutôt des charançons dans votre blé que de pareils visiteurs dans vos collections.

Croyez ou ne croyez pas aux gens qui ont le mauvais œil : je n'ai pas d'opinion sur la question. Mais que le ciel préserve vos livres et vos estampes des gens qui ont le mauvais pouce !

LIVRES A FIGURES

PÉRIODE INTERMÉDIAIRE

———

Figures de Moreau pour les Œuvres de Voltaire, suite de Renouard, 1800. En un vol. in-4.

Épreuves avant la lettre.

407. Daphnis et Chloé, édition Didot, 1800, in-4, figures de Prud'hon et Gérard.

Figures avant la lettre.
On y a ajouté diverses pièces : les figures du Régent, six des rares figures inédites de Le Barbier, plusieurs lithographies d'après Prud'hon, par J. Boilly. La plus intéressante de ces pièces ajoutées est sans contredit la petite figure du *Dafni et Chloe* de Prud'hon, gravée par Roger, tirée à l'état d'eau-forte et à l'état terminé sur la même feuille.
Reliure de Capé, maroquin vert, large dentelle sur les plats. — Dans une couverture en maroquin vert doublé de peau de chamois.

408. Idylles de Berquin, an X, in-18, figures de Borel.

Figures avant les numéros. — Demi-reliure.

409. Lazarille de Tormes, par Hurtado de Mendoza, 1801, 2 vol. in-8, figures de Ransonnette.

Figures avant la lettre. (Il faut dire qu'on n'en a jamais fait de plus laides. Pauvre Ransonnette !). — Demi-reliure.

410. Élégies de Properce, 1802, figures de Marillier.

Figures avant la lettre.
Reliure de Bozérian, en vélin plein, grecque dorée sur les plats.

411. Atala, René, par Chateaubriand, 1805, in-12; figures de Garnier gravées par Choffard et Saint-Aubin.

Figures avant la lettre.
Reliure du temps, en maroquin rouge, compartiments sur les plats.

412. La Gastronomie, 1805 ; in-18.

> Si nous avions adopté le classement suivant l'ordre des connaissances humaines, la rubrique *Gastronomie* serait ici, semble-t il, assez développée !
>
> Notre amateur est-il donc un homme à passions multiples ?... Cumule-t-il la gourmandise avec l'appétit des livres ?
>
> Pas du tout. Mais il donne très aimablement des dîners de bibliophiles, et pour ce faire, trouvons bon qu'il s'inspire des meilleures sources et des maîtres les plus autorisés.
>
> A ce titre, nous constatons dans sa bibliothèque une lacune regrettable : il lui manque l'édition originale de *la Cuisinière bourgeoise*, de 1748.

413. Théâtre Séraphin, ou les Ombres chinoises, 1806, 2 vol. in-18. 14 figures en taille-douce, et figures sur bois par Duplat et Bénard.

> Relié en veau par Bauzonnet.

414. Mes Passe-temps, par Despréaux (le mari de la Guimard), 1806, 2 vol. in-8, figures de Moreau.

> Figures AVANT LA LETTRE.
> Cartonné.

415. LETTRES A ÉMILIE SUR LA MYTHOLOGIE, par Demoustier, 1809, 3 vol. in-8 ; figures de Moreau.

> PAPIER VÉLIN, figures AVANT LA LETTRE.
> Demi-reliure par Bauzonnet.

416. WERTHER, par Gœthe, texte complet de 1845, in-8, figures de Johannot, et figures de Moreau de 1809.

> PAPIER VÉLIN, Les figures de Moreau sont AVANT LA LETTRE, avec leurs très-rares EAUX-FORTES. On a ajouté les quatre petites figures gravées par Duplessi-Bertaux, PREMIER ÉTAT ; les quatre figures de l'édition par Johannot, avec leurs EAUX-FORTES ; la suite des dix eaux-fortes de Johannot en PREMIER ÉTAT ; divers portraits dont ceux de Werther et Charlotte, avec des petites scènes, par Chodowiecki ; enfin les deux petites vignettes des titres de l'édition de 1776. (Ensemble 40 p.).
> Demi-reliure de Capé.

417. Mémoires de Grammont, par Hamilton. Londres, 1811, 2 vol. in-8. portraits.

> Reliure anglaise.

418. ŒUVRES DU COMTE HAMILTON, édition de Renouard, 1812, 3 vol. in-8 ; figures de Moreau.

> PAPIER VÉLIN, figures AVANT LA LETTRE.
> Demi-reliure.

419. POINT DE LENDEMAIN , par Denon , 1812, in-18 ; figure
de Laffite.

>Seul exemplaire imprimé sur PEAU DE VÉLIN.
>Il contient le DESSIN ORIGINAL de Laffitte.
>Reliure de BOZÉRIAN en vélin blanc , grecque sur les plats.
>Dans un étui en maroquin rouge.

420. Œuvres de Boufflers , 1813 , 2 vol. in-8 ; figures de
Marillier.

>Figures AVANT LA LETTRE.

421. ŒUVRES DE PIERRE ET THOMAS CORNEILLE , édition de
Renouard , 1817, 12 vol. in-8 , figures de Moreau (et une
de Prud'hon).

>GRAND PAPIER VÉLIN. Figures AVANT LA LETTRE. On a ajouté la
>suite des figures de Gravelot , AVANT LES CADRES.
>Demi-reliure de Simier.
>
>Quand on a dit : *avant les cadres,* on a tout dit ! Il est vrai que les
>épreuves qui les ont sont assez faibles : mais les cadres eux-mêmes
>sont charmants.
>En bibliophile qui se respecte, nous avions toujours refusé même
>de les regarder, lorsque les libraires les possédaient : *Cachez ces* CADRES
>*que je ne saurais voir.* Et nous avons eu tort. Car nous aurions remar-
>qué qu'ils sont très jolis, et qui plus est, incontestablement de la main
>de Choffard.
>Il faut donc les ajouter au catalogue de l'œuvre de Choffard, publié
>dans *les Graveurs du XVIIIe siècle.*

422. Vicar of Wakefield, 1819, in-8, figures.

423. GIL BLAS , édition de Lefèvre, 1820, 3 vol. in-8 ; figures.

>GRAND PAPIER VÉLIN.
>Figures ajoutées , parmi lesquelles la grande suite de Smirke , A LA
>LETTRE GRISE, et la petite suite du même, AVANT LA LETTRE, une suite
>de gravures espagnoles , la suite de Marillier, celle de Desenne , celle
>de Gavarni. (146 pièces en tout).
>Reliure de Lortic en maroquin rouge , filets cintrés genre Du Séuil
>sur les plats , dos orné.

424. FIGURES DE SMIRKE POUR DON QUICHOTTE ,
en un album in-folio.

>Précieuse suite provenant de Smirke lui-même ; les figures sont
>AVANT TOUTE LETTRE.

425. LES MILLE ET UNE NUITS , édition de Galliot ,
1822-25, 6 vol. in-8 , figures.

>GRAND PAPIER VÉLIN.
>Figures ajoutées, parmi lesquelles la suite des 24 Smirke , dans le
>très-rare état AVANT LA LETTRE ET SANS LA TABLETTE , six autres
>gravures de Smirke en PREMIER ÉTAT, la suite de l'édition d'après

Westall , celle des 12 figures de Westall , le tout AVANT LA LETTRE , diverses vignettes de Marillier et autres, la suite de Gavarni sur chine volant (ensemble 113 pièces).

Cet exemplaire est le SEUL qui puisse se vanter d'être dans une reliure de TRAUTZ ! Reliure des plus intéressantes , en maroquin citron , nombreux filets sur les plats avec ornementation orientale d'une saveur très-originale. Roulette arabe intérieure.

426. ŒUVRES DE LA FONTAINE, édition de 1822 (Lefèvre) , 6 vol. in-8 , figures.

GRAND PAPIER VÉLIN.
Double suite de Moreau (1814 et 1822) , AVANT LA LETTRE. Suites de Bergeret, de T. Johannot , de Dévéria, AVANT LA LETTRE. Petite suite de Moreau pour Psyché, AVANT LA LETTRE , pièces diverses, portraits , notamment l'EAU-FORTE du portrait de La Fontaine gravé par Le Mire, d'après Moreau , pour le volume des *Fables causides,*
Reliure de Brany en maroquin citron , filets cintrés sur les plats.

C'est presque toujours par ces illustrations de classiques que l'on entre dans la carrière, et il n'est guère d'amateur qui, avant de se décider à acheter des livres de haute curiosité, n'ait débuté par une collection d'à-peu-près. On se dit : j'illustrerai Corneille, Racine, Molière, Boileau. c'est par ces grands noms qu'on commence. Puis l'on se perfectionne, on devient grand bibliophile, et c'est par Imbert et Dorat qu'on finit.

427. ŒUVRES DE LORD BYRON , édition de Ladvocat , 1823 , 8 vol. in-8, figures.

GRAND PAPIER VÉLIN. (Nombreuses illustrations préparées pour être ajoutées à cet ouvrage, qui n'est pas encore à l'état définitif. Ce sera un livre sérieux , dans le genre composite).

428. ŒUVRES DE SHAKESPEARE , première édition de la traduction de F. V. Hugo , 16 vol. in-8.

GRAND PAPIER. (Illustration considérable réunie en vue de cet exemplaire , figures de Smirke et autres).

429. NAPOLÉON ET SES CONTEMPORAINS , par A. de Chambure , 1824, in-4 , figures.

Curieux exemplaire de l'auteur et de PIXÉRÉCOURT , en PAPIER DOUBLE DE CHINE; les figures, au nombre de 48, par Devéria, Desenne, etc., gravées par les artistes les plus estimés de l'époque, (on y remarque les noms de Forster et d'Henriquel-Dupont) , sont en triple état, EAUX-FORTES , et AVANT LA LETTRE sur deux papiers.

Le texte n'est pas médiocrement curieux , comme témoignage d'enthousiasme napoléonien.

Reliure du temps par LEDOUX , en maroquin rouge , compartiments dorés et à froid sur les plats , avec MOSAÏQUE et aigles impériales dans les angles ; dos orné , DOUBLÉE de maroquin vert , et de gardes en maroquin , le tout avec encadrements et MOSAÏQUE. Cette reliure est d'un style caractéristique.

C'est là un de ces livres dont les exemplaires ordinaires sont sans valeur, et qui prennent quelque intérêt grâce à leur condition particulière. Cet exemplaire n'est pas à proprement parler *un beau livre,* mais c'est ce qu'on appelle *un livre drôle.*

Un livre drôle, par exemple, c'est l'exemplaire, aux armes du maréchal de Saxe, du *Théâtre de Favart*. Il dégage un parfum de *plus heureux des trois* qui est des plus piquants.

Un livre peut être drôle et très beau. Exemple : une *Imitation de Jésus-Christ* (de la bibliothèque de Sauvage) sur laquelle Derome n'a pas hésité à mettre une étonnante mosaïque représentant des chinois !!! C'est, dans son genre; un livre de très grande curiosité.

L'exemplaire des *Provinciales* ayant appartenu à la maison professe des Jésuites, est encore un livre à la fois beau et drôle.

Mais par exemple, le *Sophocle* d'Alde, annoté de la main de Racine, voila un exemplaire sublime !

430. Œuvres de Gilbert, édition de Dalibon, 1823, in-8 ; figures de Desenne.

Grand papier vélin , figures avant la lettre et eaux-fortes , etc.

431. Figures de Desenne pour Voltaire, en un album , in-4.

Épreuves avant la lettre et eaux-fortes.
On remarque sur une figure de *la Pucelle* la signature d'Henriquel-Dupont.

432. Paul et Virginie , la Chaumière indienne , le Café de Surate , par B. de Saint-Pierre. Paris , Méquignon-Marvis , 1823 , in-8.

Exemplaire en grand papier, rempli de figures ajoutées, (il a fallu en faire deux volumes). Toutes ces figures sont dans des états les plus satisfaisants. Les diverses suites de Moreau, Desenne, Corbould, avant la lettre. Les bois de l'édition Curmer. sur chine volant. Pièces en couleur. Suites nouvelles publiées par Jouaust, Lemerre et Conquet. Vignettes séparées diverses.
Demi-reliure.

Il ne faut pas trop dire de mal de ces illustrations factices. Songez que le grand Renouard fut le maître du genre !

433. Louis XIV et ses maîtresses, suite de portraits gravés au pointillé par Roger.

434. ORAISONS FUNÈBRES , 1826 (Janet) , 4 vol. in-8 ; figures et portraits.

Grand papier vélin , épreuves avant la lettre et eaux-fortes.
Excellente reliure de Purgold , en maroquin brun. compartiments sur les plats.
C'est, dans son genre, un très beau livre.

435. Œuvres d'Homère, 1828 (Didot) , 10 vol. in-8 ; figures de Marillier, Smirke et Fuselli , ajoutées.

Les figures sont avant la lettre.
Demi-reliure.

436. Fabliaux, traduits par Legrand d'Aussy, 1829, 5 vol. in-8 ; figures de M: ~au , gravées en 1818.

> Papier vélin , figures avant la lettre.
> Demi-reliure.

437. Tom Jones, de Fielding , 1833 (Didot) , 4 vol. in-8 ; figures de Moreau.

> Grand papier vélin , figures de Moreau avant la lettre et eaux-fortes , plus les pièces doubles , deux suites de Gravelot ajoutées, gravées par Pasquier et Punt , suite de Borel avant la lettre , suite de Johannot avant la lettre , très-rare, etc.
> Demi-reliure.

438. Souvenirs et regrets d'un vieil amateur dramatique , 1829, in-8 ; gravures.

> Avec toutes les gravures , même celles de la Comédie italienne , en noir et en couleur.
> Demi-reliure.

Les livres de la période intermédiaire sont surtout les éditions de classiques publiées sous la Restauration. L'illustration en était généralement médiocre, mais ce défaut était facilement réparable , au moyen d'une illustration supplémentaire.

Les beaux exemplaires en grand papier de cette époque sont faits tout exprès pour recevoir des suites de gravures au goût de chacun , aussi de nombreux amateurs se sont-ils voués à cette spécialité de bibliophilie ; Sieurin a même publié spécialement à leur usage un manuel de l'illustration artificielle.

On achetait les suites de gravures de Moreau , de Desenne , de Dévéria , chez Capé , chez Sieurin, puis chez Caen et chez Fontaine , on se procurait les portraits en pratiquant des fouilles suivies dans les portefeuilles des marchands d'estampes, chez Danlos, ou chez Clément. ou bien encore aux ventes de Vignères.

Vignères , curieuse physionomie ! Une trinité à lui seul : éditeur, marchand , expert.

Vignères-éditeur était l'Odieuvre du XIXe siécle, faisant graver des portraits dans les prix doux. C'était à lui qu'il fallait s'adresser pour avoir une tête qui vous manquait , un auteur du grand siècle comme un philosophe , un conventionnel comme un représentant de 1848 , un membre de l'Institut comme un sauveteur, etc. (Un franc avant la lettre ; avec la lettre cinquante centimes).

Vignères - marchand d'estampes était un type à part. Il avait chez lui des accumulations , des montagnes de portraits. Dans le tas il y en avait d'excellents. Mais Vignères n'aimait que vendre les portraits ordinaires , les têtes pour les têtes. Quant aux portraits des grands graveurs , c'était une autre affaire , il les gardait avec une véritable jalousie. Je n'irai pas jusqu'à le comparer à René Cardillac , il était bien trop doux , l'excellent homme , et ne vous aurait point violenté pour ravoir sa marchandise ; par la bonne raison , d'ailleurs , qu'il ne la vendait pas , j'entends les bonnes pièces. Impossible d'arriver à les voir.

Vous vous rappelez son entresol de la rue de la Monnaie. On entrait dans une antichambre noire, puis dans une pièce demi-obscure, c'était le magasin. Vignères, en longue redingote, calotte et pantoufles, vous

recevait d'ailleurs fort aimablement. Le dock des portraits se trouvait
dans la pièce suivante à gauche. Là, nul mortel n'a jamais pénétré.
Cet entrepôt tenait du sanctuaire. Vignères avait fait installer devant
la porte une sorte de réduit fortifié, avec une barrière comme celle
d'un passage à niveau. Quand on commençait à faire connaître ses
desiderata, la barrière se fermait et c'est de l'intérieur de ce donjon
qu'il traitait les affaires. Pour pénétrer dans le réservoir, dans le Saint
des Saints, il eut fallu lui passer sur le corps.

Pour moi, j'ai essayé de la douceur. Avec un entêtement de collectionneur tenace, je lui ai demandé vingt fois, cinquante fois, cent
fois à pénétrer, ne fût-ce qu'un instant. Toujours repoussé avec perte.

— Dites-moi les noms des personnages dont vous désirez les
portraits !

— Mais, Monsieur Vignères, cela m'est égal, les personnages !
L'essentiel c'est d'avoir des gravures d'art. Donnez-moi tout ce que
vous trouverez d'épreuves d'état.

— Je n'ai pas le temps de chercher. Spécifiez...

J'essayai d'un mouvement tournant. — Eh bien, dis-je, prenez vos
cartons l'un après l'autre et mettez de côté tout ce qui vous paraîtra
sortir de l'ordinaire.

Peine perdue. Je suis obligé d'avouer ma défaite.

Vignères-expert a fait plus de quatre cent-cinquante ventes, dont
plusieurs très-importantes. Matériellement soigneux et même méti-
culeux à l'extrême, ponctuel, ne vous montrant jamais les portefeuilles
d'une vente avant le jour qu'il s'était fixé; et quand il vous les montrait, vous surveillant anxieux, sur le gril, de peur qu'on dérangeât
l'ordre des pièces. Préoccupé des intérêts de ceux qui lui confiaient
leur collection, il divisait les lots à l'infini pour mettre toute bonne
pièce en lumière; rehaussait chaque objet par la mention *superbe !*
ou bien encore *marge vierge !* n'avait garde d'omettre la fameuse
expression : *eau-forte pure*, qu'il allongeait même ainsi : *eau-forte pure
avant toute lettre !* Bref, il savait tirer tout ce qu'elle
pouvait donner. Ce n'est que grâce à lui que bien des collections ont
pu trouver acquéreurs, et son rôle, à ce point de vue, a été considérable. En même temps qu'il défendait le vendeur, Vignères était l'expert
modèle sous le rapport de la discrétion absolue observée vis-à-vis des
acheteurs qui lui donnaient leurs commissions ; c'était l'homme-
mystère, et en pareille affaire il faut être ainsi.

Vignères laisse en héritage son fonds d'estampes et de portraits
que l'on vend actuellement, et qui, nous l'espérons, sera pour sa
famille la fortune. Il laisse encore un autre bien non moins précieux :
sa réputation proverbiale d'honnêteté.

Passer de Vignères, ce manœuvrier prudent, à Danlos, qui mena
les deux grandes batailles des ventes Béhague et Mühlbacher, c'est
refaire le parallèle de Turenne et du Grand Condé.

Danlos qui, à la vente Mühlbacher, emporta d'assaut à douze mille
francs le *Bal* et le *Concert* de Saint-Aubin (c'est la plus forte timbale
qui ait été décrochée en fait d'estampes du XVIIIe siècle), et son associé
Delisle, tiennent dans le commerce des estampes un rôle capital ; leur
maison est ancienne et universellement connue, et ils apportent dans
les affaires une complaisance extrême. C'est plaisir de s'en rapporter
à eux pour le développement d'un collection.

Ils vont prochainement se déplacer, étant expropriés pour l'agrandis-
sement de l'Ecole des Beaux-Arts. Leurs clients prétendent qu'on
aurait mieux fait d'exproprier l'Ecole des Beaux-Arts pour agrandir
le commerce de Danlos et Delisle, qui est d'utilité publique.

Clément, le Nestor des ventes, compte de non moins beaux états de
services et a commandé en chef dans nombre d'actions importantes,
telles que la vente Morel-Vindé (ah ! l'heureux temps pour nous !

Quelles belles pièces, quels prix charmants !), et la vente Wasset qui fut une journée mémorable et chaude (ah ! comme cela marchait ! la fureur battait son plein !) Il a formé plus d'une collection.

Bien souvent, en entrant chez lui, vous voyiez, absorbé dans quelque comparaison d'estampes, ou creusant quelque problème relatif à un *état* de Rembrandt, M. Duthuit, le collectionneur formidable auprès duquel nous ne sommes que des pygmées agités.

Quant Clément n'y est pas, Jules le remplace; les bibliophiles, ses clients intermittents, savent l'apprécier tout comme les collectionneurs d'estampes.

Plusieurs bibliophiles de 1875, dans l'espoir de récolter quelque belle vignette, se rendent périodiquement rue du Cherche-Midi, chez M. Henry Lacroix, qui, après avoir achevé sa carrière administrative, consacre les loisirs de la retraite au commerce des estampes de l'Ecole française.

Dans ces diverses pérégrinations, les amateurs de livres avaient l'occasion de rencontrer bien des collectionneurs d'estampes : mais les deux courants ne se sont point mêlés, bibliophiles et iconophiles ayant des tempéraments distincts. Les amateurs de gravures sont sans doute aussi ardents que les fanatiques de livres : ils nous semblent moins remuants, moins préoccupés, moins dominés par leur passion ; nous ne saurions trouver parmi eux des types d'une originalité assez accentuée pour être mis en parallèle avec les bibliophiles de 1875. Quant aux collectionneurs de livres, ils sont en général peu sensibles au charme de l'estampe, qui les fait sortir de leur ordinaire. Ce qu'on a même de la peine à croire, c'est que les plus forts d'entre eux, ceux qu'on appelle « les grands bibliophiles » n'ont pas su découvrir Cochin, Gravelot, Eisen, et le XVIIIe siècle. Ils ne s'y sont mis qu'à la dernière extrémité, quand la hausse des prix était faite. C'était cher, donc c'était bon. Et plusieurs ne se lançaient qu'après avoir consulté les néo-bibliophiles, qualifiés par eux du nom de *Minores*, (pourquoi pas *les Gueux ?*) et leur avoir demandé, si les illustrations de Moreau ou de Marillier *étaient vraiment bien !*

Dans l'estampe aussi, l'on trouve des amateurs à idées singulières.
Il nous souvient qu'étant un jour quai Malaquais, nous vîmes arriver un jeune et riche débutant, plein d'ardeur. — Je voudrais voir, dit-il, une collection d'Alber Dürer. — Une collection, dit Delisle interloqué, c'est peut-être beaucoup demander : quelques-uns, c'est déjà bien joli par le temps qui court. — Pourriez-vous me montrer un spécimen ? — Voici. — Combien ? — Mille francs. — Comment ! reprit l'amateur stupéfait, on peut avoir un Albert Dürer pour mille francs ? Je croyais que c'était plus cher que ça !
Et il partit.
— On a tort d'être honnête, fit Delisle ; si je lui en avait demandé quatre mille, il le prenait !
Autre échantillon. Un marchand d'estampes, offrait à un amateur deux estampes en couleur, de Debucourt, montées sur bristol comme d'habitude ; notez ce point. L'amateur ne les trouva pas à son idée.
— Eh bien, reprit le marchand, je vais les démonter et les encadrer pour les montrer à un de mes clients que j'ai en vue. — Et pourquoi les démonter ? — Parce que si elles n'étaient pas dans des cadres, il ne les prendrait jamais, il croirait que les épreuves ne sont pas anciennes !

Etc. Etc. Etc. On pourrait faire des volumes avec ces anecdotes.

LIVRES ILLUSTRÉS

MODERNES [1]

on Quichotte romantique, voyage du docteur Syntaxe à la recherche pittoresque du romantique, poème de M. Gandais, 1821, in-8, avec 26 figures lithographiées par Malapeau, imprimées par Engelmann.

440. La Saône et ses bords, album dessiné par MM. Foussereau et Marville, gravé par M. Porret ; chez l'éditeur, rue de Valois Batave, 3 ; in-8.

---

[1] Nous les désignons très-brièvement : chacun les reconnaîtra facilement au simple énoncé des titres et des noms des illustrateurs.
A moins d'indication contraire, ils sont en DEMI-RELIURE OU CARTONNÉS et toujours NON ROGNÉS.

Ils sont très nombreux, dans cette bibliothèque, les livres illustrés du XIXe siècle. Ce sont des acquisitions de ces derniers temps, où les livres anciens se sont faits rares. Faute de pouvoir se mettre sous la dent les grives du XVIIIe siècle, on se rabat sur les livres modernes dont beaucoup sont, à vrai dire, d'assez pauvres merles.

Mais n'exagérons rien ; notre siècle a produit aussi quelques livres illustrés remarquables. Or, *quelques* livres parfaits, c'est juste ce qu'on est en droit de demander à un siècle, tellement les livres absolument réussis sont rares. Et en regardant de près, le célèbre XVIIIe siècle n'en a-t-il pas produit d'insignifiants, de médiocres et d'ennuyeux ? Sans doute, les vignettes étaient presque toujours bien dessinées et bien gravées, mais suffit-il de mettre un frontispice en tête d'un volume, un fleuron sur le titre, et un cul-de-lampe à la fin, pour en faire un livre à tout jamais classé dans l'estime des bibliophiles ? Tout le talent des illustrateurs a-t-il pu empêcher des livres comme *Tarsis et Zélie* ou comme *les Épreuves du*

441. Manuels : de l'amateur de Melons, 1827; — d'Huîtres; — de Marrons ; — de Café ; — de Truffes ; — de Fromage ; in-18, (quelques-uns ont des figures d'Henry Monnier).

442. Portraits de Français célèbres, gravés par Hopwood, publiés par Lami-Denozan, 1828, album in-8.

443. Faust, par Gœthe, 1828, in-fol., lithographies de Delacroix.

444. Chansons de Béranger, édition de 1829-33. 5 vol. in-18, figures de Johannot.

445. LES MÉTAMORPHOSES DU JOUR, par Grandville, 1829, album oblong, in-4.
   Premier tirage.

446. Atala, René, par Chateaubriand, 1830, chez Lefèvre et Ladvocat, grand in-8, figures ajoutées d'Alaux, de Johannot, etc.

447. Histoire du Roi de Bohême, etc., par Charles Nodier, 1830.

448. Keeapseakes français : 1830, Giraldon-Bovinet. — 1831 (id.), avec un joli portrait de reine Marie-Amélie, gravé par Thompson, d'après Hersent. — 1837, Delloye. — 1838. — 1839. — 1840 et 1841. — 1842 ; ensemble, 7 vol. in-8, figures.

---

sentiment, de d'Arnaud (Baculard), ou comme *le Décaméron français*, de d'Ussieux, ou comme l'ouvrage de l'abbé Raynal, etc., etc., d'être définitivement rejetés au rang des bouquins?

La bibliographie du XVIIIe siècle n'est-elle pas pleine aux trois quarts de ces non-valeurs ? Le XVIIIe siècle a-t-il laissé beaucoup de livres supérieurs comme exécution matérielle au *Paul et Virginie* de Curmer, aux *Portes .le fer*, aux *Contes rémois*, aux *Contes drôlatiques*, etc., etc. ?

A propos des *Portes de Fer*, nous remarquons que notre bibliophile n'a pas cet admirable livre. A notre tour de lui donner un conseil : mon maître, il vous le faut ; vous devez l'avoir ; vous ne pouvez pas vous en passer ; vouz l'aurez ; et très beau encore ! vous le paierez cinq cents francs. Vous aurez aussi *les Français peints par eux-mêmes*, je n'admets pas que vous ne l'ayez point, c'est indispensable. *La Caricature*, de Philipon, également. C'est un livre typique.

449. ITALY, 1830. — POEMS, 1834, par Rogers, 2 vol. in-8, illustrations anglaises.

> Livre très-recherché en Angleterre, où il vient d'atteindre en vente le prix de 1,200 fr. Aussi, lui a-t-on fait les honneurs d'une reliure de CUZIN, en maroquin bleu, trois filets, dos orné, DOUBLÉE de maroquin bleu, large dentelle intérieure.

450. Les Métamorphoses du Jour, 1831 (Henry Monnier).

451. Physiologie de la Poire, par Louis Benoît, jardinier (le notaire Peytel, guillotiné depuis), 1832, in-8.

452. Debureau, par Jules Janin, 1832. 2 vol. in-12.

453. Les Douze Journées de la Révolution, par Barthélemy, 1832, in-8 (Raffet).

454. Robinson Crusoé, traduction de Mme Tastu. 2 vol. in-8, 52 gravures sur acier par Sainson.

455. Œuvres de Delille, 1833, grand in-8 (Johannot).

456. Œuvres de Walter Scott. Le texte est de 1860, Furne, Pagnerre et Perrotin, 32 vol. in-8. Mais on y a ajouté environ 500 illustrations de Tony-Johannot, Desenne, Dévéria et autres de l'époque 1830.

> Demi-reliure de Brany.

457. Les Farceurs de l'ancien régime (Œuvres choisies de Grécourt, 1833 ; Œuvres badines de Vadé, 1835), 2 vol. in-8, figures au trait (assez vives).

458. Musée de la Révolution, 1834, eaux-fortes de Raffet.

459. Étrennes pittoresques, 1835, in-12, frontispice de Nanteuil, figure de Decamps.

460. GIL BLAS, 1835, illustrations de Jean Gigoux.

> Livre célèbre, et qui fait date dans l'histoire de l'illustration. Il n'est pas cher parce qu'il n'est pas rare : mais il est capital.

461. Polichinelle, drame en trois actes, illustré par Georges Cruishanck, Paris, 1836, in-18.

> Demi-reliure, mi-partie blanc et rouge.

462. Œuvres complètes de Casimir Delavigne, 1836, Delloye
et Lecou , grand in-8 à deux colonnes.

Figures ajoutées, suites de Johannot, de Desenne, avant la lettre;
autographe de Delavigne, l'autre de Lamartine sur *Louis XI*.

463. NOTRE-DAME DE PARIS , 1836, Renduel, première
édition avec figures (par Camille Rogier et Johannot).

Reliure de CUZIN sur brochure, en maroquin brun, compartiments
XIXᵉ siècle sur les plats, (Oh! oh ! des compartiments XIXᵉ siècle !
Mais c'est encore une innovation, cela! Bravo !) dos orné, DOUBLÉE
de maroquin rouge, dentelle intérieure.

464. Don Quichotte , 1836-37, 2 vol. in-8 (Johannot).

465. L'Écosse pittoresque , par Fisher ; Londres, 1838 , in-4,
figures sur acier.

466. FABLES DE LA FONTAINE, 1838, 3 vol. in-8 (Grandville).

Premier tirage (avec toutes les couvertures des livraisons !!!!!). Le
troisième volume a le texte pour le supplément des gravures.

467. GULLIVER, 1838 , 2 vol. in-8 (Grandville).

Bel exemplaire (non piqué !) dans sa demi-reliure du temps.

468. LE VICAIRE DE WAKEFIELD, 1838 (Johannot).

Très-rare exemplaire avec gravures sur Chine. Intéressante reliure
de Blaise, maroquin violet, compartiments sur les plats, style 1830,
dos orné, non rogné. Étui.

469. PAUL ET VIRGINIE , de Curmer, 1838.

Dans une reliure que Curmer a fait faire par Ottman-Duplanil, et
qui a figuré à l'Exposition de 1844. Elle est en maroquin vert avec
enroulements sur les plats, DOUBLÉE de vélin blanc avec dentelles
intérieures, gardes en vélin également ornées. — Dans un étui doublé
de soie.
L'exemplaire contient le portrait de B. de Saint-Pierre, *avant la
lettre*, le Docteur au *premier état*, et la Bramine *à l'étoile*.

470. LA PEAU DE CHAGRIN, par Balzac , 1838 (Gavarni , etc.).

471. Contes de La Fontaine , 1839, Bourdin , grand in-8 ,
illustrations par divers , ornements par Féart.

Livre curieux comme mauvais goût d'illustration.

472. Paul et Virginie , 1839 , Masson , in-12 , illustrations
sur bois.

473. Manon Lescaut , 1839 , illustrations de Johannot.

474. Histoire de Napoléon, par Norvins , 1839 (Raffet).

Bel exemplaire de ce livre si remarquable comme illustrations.

475. HISTOIRE DE NAPOLÉON, par Laurent de l'Ardèche, 1839 , grand in-8 , illustrations d'Horace Vernet.

Voilà où l'on reconnaît le collectionneur qui a la main heureuse. Notre bibliophile achète cet exemplaire, et, en l'examinant chez lui de très-près, suivant son habitude, il découvre entre deux feuillets, trois autographes.

Le premier est de Barras ; on ne sait à qui cette lettre était adressée, le nom du destinataire qui se trouvait inscrit dans le bas de la première page, ayant été enlevé.

Paris ce 16 Janvier 1793.

« *Je vous adresse cijoint l'opinion de Dubois Crancé. Le cidev⁺ Roy a*
» *été déclaré coupable de conspiration contre la nation, L'appel au peuple*
» *fut rejetté hier au soir, et nous allons procéder aujourd'hui à L'appli-*
» *cation de la Peine Encourue par les conspirateurs.*

« *Tout est tranqnille ici quoique en disent les malveillans. Il n'est*
» *personne de nous qui ne veuille la République, la Destruction du tyran*
« *et qui ne fut le premier à Immoler celui qui aurait l'audace de vouloir*
» *le remplacer.*

Paul Barras. »

Le second autographe est des plus curieux. Cette une lettre du 17 août 1795, qui nous montre le jeune Bonaparte venant de refuser le commandement d'une brigade d'infanterie dans la Vendée, furieux, ayant peine à retenir sa colère, et de dépit cherchant à tourner de grandes phrases entortillées, — et n'y réussissant pas ; on sait que ce n'était pas son genre !

Au citoyen Sucy
commissaire ordonateur armée d'Italie
Nice.

« *Paris, le 30 thermidor.*

» *Je vous fais mon compliment de vous être rendu à l'armée. Vous y*
» *serez utile et vous aurez la douce satisfaction de concourir de vos moyens*
» *au bien de la patrie. La fortune, la faveur et l'estime des hommes varie*
» *(sic) et sont en perpétuelle oscillation ; l'orgueil bien placé d'avoir été*
» *utile et d'avoir mérité l'estime du petit nombre, fait pour apprécier le*
» *génie et le beau, est aussi invariable, aussi constant avec vous que le*
» *sentiment de l'honneur et le tact du sentiment naturel,*

» *L'on m'a porté pour servir à l'armée de la Vendée comme général de la*
» *ligne. Je n'accepte pas, beaucoup de militaires dirigeront mieux que*
» *moi une brigade et peu ont commandé avec plus de succès l'artillerie…*
» *Je me jette en arrière, satisfait de ce que l'injustice que l'on fait aux*
» *services est assez sentie par ceux qui savent les apprécier.*

» *Tu occupe (sic), mon ami, une place délicate. Si le génie actif, l'expé-*
» *rience consommé (sic) était radicalement exclus de l'armée où tu te*
» *rends ; avec des représentants incapables et environné de tous les empi-*
» *riques, un gouvernement versatil, de fripons, pour ne rien dire de plus,*
» *il ne pourrait pas germer et mériter une réputation. Mais, mon ami,*
» *dans ce meilleur des mondes, faire le mieux qu'il est possible et se tenir*
» *récompensé de son témoignage, voila le grand secret avec lequel l'on n'est*
» *jamais imposteur, ni flatteur, ni âcre, ni importun, ni vindicatif, ni*
» *criminel.*

» *Rien de nouveau ici, l'espérance seule n'est pas encore perdu pour*
» *l'homme de bien, c'est te dire l'état très maladif ou se trouve cet Empire.*
» *Santé, constance, gaité et jamais de découragement. Si tu trouves les*
» *hommes méchants et ingrats, souviens-toi de la grande quoique bouffonne*
» *maxime de Scapin :* Sachons leur gré de tous les crimes que l'on ne
» commet pas.

B. P. »

Bonaparte, en écrivant cette lettre, était loin de deviner que son séjour à Paris allait assurer sa fortune : peu après, à l'insurrection de vendémiaire, Barras le trouvait sous sa main !

Un troisième autographe a été ajouté à ce volume. Il est d'Horace Vernet.

L'artiste rend compte d'un ouvrage qu'il fait en Egypte et a la Terre-Sainte. Au-dessous de sa signature on lit : *à deux lieues du Caire ce 23 novembre 1839.*

476. Le Diable boiteux, par Lesage, 1840 (Johannot).

477. La Correctionnelle, petites Causes célèbres, 1840, chez Martinon, in-4, avec cent dessins de Gavarni.

478. Physiologies : du Chasseur, par Deyeux, 1841, in-18 ; — du Musicien ; — de l'Usurier ; — de la Lorette ; — de l'Homme marié ; — du Garde-national ; — de l'Employé ; — du Flâneur.

479. Museum parisien, par Louis Huart, 1841.

480. La Grèce pittoresque, par Woodsworth, 1841, in-8.

481. Voyage sentimental, 1841 (Johannot et Jacque).

482. Robinson Suisse, 1841, in-8.

483. La Comédie à cheval, par Albert Cler, 1842,

484. Scènes de la vie privée et publique des animaux, 1842, 2 vol. in-8 (Grandville).

485. L'Ane mort, par Jules Janin, 1842 (Johannot).

486. Chansons de Désaugiers, 1842, Garnier, in-8, figures sur acier de Lécurieux.

487. Les Etrangers à Paris (vers 1842), grand in-8, illustrations de Gavarni et autres.

488. Fables de Florian, 1842, in-8 (Grandville).

489. LA PLÉIADE , publiée par Curmer, 1842 , in-8.

Exemplaire de CURMER, sur PAPIER DE CHINE avec un certain nombre d'eaux-fortes qui ont été recommencées.

Le livre contient, en outre, deux DESSINS de Ch. Jacque, un DESSIN de Jeanron et les GOUACHES ORIGINALES pour *Savitri*.

Curieuse reliure en maroquin bleu, tranche ciselée, fermoirs en vermeil et en lapis lazuli.

490. Lalla-Rookh , by Th. Moore , Londres , 1842 , in-8 , figures.

Gravures AVANT LA LETTRE.

491. Napoléon en Egypte , Waterloo et le Fils de l'Homme, par Barthélemy et Méry, édition de Bourdin , 1842 , (H. Vernet et H^{te} Bellangé)

492. Histoire populaire de Napoléon et de la Grande Armée, par G. Marco de Saint-Hilaire, 1843 (Jules David).

493. CONTES DU TEMPS PASSÉ, par Perrault , 1843, Curmer , grand in-8 , illustrations de Jacque , Marvy et autres.

Superbe exemplaire de ce livre très-difficile à trouver satisfaisant.

La reliure est de CUZIN, sur brochure, maroquin bleu, trois filets, dos orné d'un chat botté, DOUBLÉE de maroquin orange, dentelle intérieure, tranche dorée.

494. L'ALGÉRIE , par Léon Galibert, 1843, in-8.

495. Contes d'Hoffmann , 1843 (Gavarni).

496. GALERIES HISTORIQUES DE VERSAILLES, 1838, et suiv. 13 vol. in-fol.

Exemplaire relié en maroquin bleu par Andrieu, compartiments sur les plats, dos orné. Il appartenait à l'illustre avocat, père de notre bibliophile. Sur le plat du premier volume, l'inscription :

Mr PAILLET
AVOCAT
DONNÉ
AU NOM DE SA MAJESTÉ LA REINE
MARIE-AMÉLIE
ET
DES PRINCES DE LA MAISON D'ORLÉANS.

497. Petites Misères de la Vie humaine , 1843 (Grandville).

498. LES CLASSIQUES DE LA TABLE, Dentu , 1845, in-8.

Exemplaire avec les trois figures de 1843 et 1844, figures doubles, sur papier blanc et sur Chine, autographe de M. Fayot, le compilateur, et son portrait.

Reliure DOUBLÉE, par CUZIN, en maroquin rouge, compartiments sur les plats, l'intérieur en maroquin bleu, dentelles, tranche dorée.

499. Voyage où il vous plaira, 1843 (Johannot, etc.).

500. CHANTS ET CHANSONS POPULAIRES DE LA FRANCE, 1843, Delloye. Chansons populaires des Provinces de France. — Ensemblé 4 vol. in-8.

501. UN HIVER A PARIS, par Jules Janin, 1843. — L'ÉTÉ A PARIS, par le même, 1843 ; 2 vol. grand in-8, figures d'Eugène Lami, gravées sur acier.

Deux états des planches.

502. Mes Prisons, par Silvio Pellico, 1843 (figures sur bois).

503. MES PRISONS, par Silvio Pellico, 1844 (figures sur acier).

504. Les Mystères de Paris, par Eugène Sue, 1843-1844, 2 vol. grand in-8, figures.

505. Mathilde, par Eugène Sue, 1844-45 (Gavarni).

506. Roland furieux, 1844 (Johannot, etc).

507. La Morale merveilleuse, 1844, in-8 (C. Nanteuil, etc.).

508. Un Autre Monde, par Grandville, 1844.

509. VOYAGES EN ZIGZAG, par Toppfer, 1844, in-8. — NOUVEAUX VOYAGES EN ZIGZAG, 1845, in-8.

Exemplaire de premier tirage, relié en maroquin sur lequel on a imprimé les plaques spéciales de l'éditeur. Très-intéressant en cet état.

510. Petits mystères de l'Opéra, par Alb. Segond, 1844, in-12.

511. NOTRE-DAME-DE-PARIS, par Victor Hugo, 1844 (Perrotin), grand in-8, illustrations de Lemud et autres.

Premier tirage, AVANT LA CHAUVE-SOURIS sur le titre. Double état des figures sur bois et des aciers. Reliure de Cuzin, maroquin rouge, trois filets, dos orné.

512. Petites Misères de la Vie conjugale, par Balzac, 1845, (Bertall).

513. Le Diable amoureux, par Cazotte, 1845 (de Beaumont).

514. Les Mystères du Collège, par d'Albanès, 1845 (E. Lorsay).

515. Les Nains célèbres, par d'Albanès, 1845 (de Beaumont).

516. L'Art de fumer, par Barthélemy, 1845, in-8, bois.

517. Histoire d'un casse-noisette, par A. Dumas, 1845, 2 vol. (Bertall).

518. NOUVELLES GENEVOISES, par Toppfer, 1845.
Le plus rare des livres à figures du XIX⁰ siècle.

519. Cent proverbes, par Grandville, 1845.

520. Les Bagnes, par Maurice Alhoy, 1845.

521. Les Prisons de Paris, par Maurice Alhoy et Louis Lurine, 1846, illustrations par divers.

522. Les Couvents, par L. Lurine et A. Brot, 1846 (Johannot, etc.).

523. LE DIABLE A PARIS, 1845-1846, 2 vol. grand in-8, figures de Gavarni, vignettes de Bertall.

524. Paris au bal, par Louis Huart (Cham).

525. Paris à Table, par Eug. Briffault, 1846, in-8 (Bertall).

526. LAZARILLE DE TORMES, 1846, grand in-8, vignettes de Meissonier.
Détaché de l'édition de Gil Blas, de 1846. On lui a fait faire un titre spécial.
Très-jolie plaquette reliée par Cuzin sur brochure, en maroquin rouge, janséniste, roulette intérieure.

527. Contes de Charles Nodier, 1846, eaux-fortes de Johannot.
Figures tirées sur GRAND PAPIER DE CHINE.

528. Le Prince Coqueluche, par Ed. Ourliac, 1846 (Delmas).

529. Vie de Polichinelle, par Octave Feuillet, 1846 (Bertall).

530. Contes populaires de l'Allemagne, Musœus, 1846, 2 vol. in-8, vignettes allemandes.

531. Albums de Toppfer : M. Crépin, M. Pencil, Histoire d'Albert, 1846.

532. Les Trois Mousquetaires, par Al. Dumas , 1846, Fellens et Dufour, in-8.

533. Vingt ans après, par Al. Dumas, 1846, Fellens et Dufour, in-8.

534. Œuvres choisies de Gavarni, 1846-48, 4 vol.

535. Faust , par Gœthe ; Dutertre, 1847 (T. Johannot).
Nombreuses pièces ajoutées.

536. Les Fleurs animées , 1847.

537. Chansons nouvelles , musique et épigraphes de Louis Festeau , 1847 , in-18 , vingt vignettes sur acier dessinées par Wattier et gravées par Le Couturier.

538. Entretiens de village , par M. de Cormenin, 1847, in-12, avec quarante gravures d'après Daubigny.

539. The Theaters of Paris , par Ch. Hervey, 1847 , in-8 , portraits par Alexandre de Lacauchie.

540. ŒUVRES COMPLÈTES DE BÉRANGER , 1847-1860 (Perrotin), 5 vol. in-8 , figures de Lemud et autres.

Ce superbe exemplaire contient les principales suites de figures exécutées pour Béranger c'est-à-dire.
Les gravures de l'édition d'après Lemud et autres, AVANT LA LETTRE.
Les gravures de T. Johannot (édition de 1829-1833), AVANT LA LETTRE.
La suite de Devéria, bois tirés hors texte, in-12.
Les bois de Daubigny.
La suite de Grandville, sur Chine volant ; les suites complètes et coloriées d'Henry Monnier.
Les suites détendues de Monnier et de Johannot.
Un autographe de Béranger : (la chanson de *l'Anti-philosophe*).

Cet exemplaire est LE SEUL ,
LE SEUL !
LE SEUL !!
LE SEUL !!!

QUI SOIT RELIÉ PAR TRAUTZ. La reliure a été exécutée en trois fois, les deux premiers volumes en 1847, les deux suivants en 1860, et le cinquième en 1874. Elle est sur brochure, en maroquin vert, trois filets, dos couvert de dorures.

Par Trautz ! — Deux syllabes qui ont fait tressaillir une génération !

Par Trautz ! — Et les bibliophiles de 1875 , massés sous le bureau du commissaire-priseur, lançaient les surenchères en feu roulant !

Par Trautz ! — Et les libraires acceptaient la lutte.

Par Trautz ! — Et la valeur d'un livre décuplait.

Et l'enthousiasme pour l'admirable artiste était légitime : il n'en faut rien rabattre.

Mais où l'on passait la mesure, c'est lorsqu'on versait des larmes d'avance en pensant au temps où Trautz aurait disparu. Ce devait être la fin du monde, c'est-à-dire, de la reliure. Maint grand bibliophile déclarait gravement qu'à partir de ce jour là on ne ferait plus relier.

— Mais que deviendra-t-on ? Que fera-t-on ? demandions-nous anxieux.

— On fera cartonner !

Ceux qui ne l'ont pas entendu ne se figureront jamais ce qu'il y avait de désespoir, de conviction douloureuse, de résolution sombre dans ce : *On fera cartonner !* C'était vraiment bien drôle.

Trautz n'est plus, et l'on relie encore !

Tous les bibliophiles ont appris le chemin de Thibaron et de Cuzin.

541. Dombey and Son, by Charles Dickens, 1848 (London, Bradbury), in-8, première édition avec figures. — Bleak-House, by Charles Dickens, 1853, in-8 (London, Bradbury), illustrations de Browne. — Our mutual Friends, by Charles Dickens, 1865 (London, Chapman), in-8.

542. Almanachs des Chasseurs, revue du comfort (vers 1848), 3 parties in-8, figures.

543. La Danse des Salons, par Cellarius, 1849 (Gavarni).

544. L'Empire des Légumes, 1850.

545. PERLES ET PARURES, par Méry, 1850 (Gavarni)

Avec les figures tirées sur papier à marges de dentelles, comme ceux qu'on met sur les boîtes de dragées.
Reliure amusante, en maroquin vert, avec les fers spéciaux de l'éditeur.

546. Le Treizième arrondissement de Paris, par Louis Lurine, 1850.

547. David Copperfield, par Charles Dickens, 1851, 3 vol. in-8, vignettes anglaises ajoutées.

548. Le Royaume des Roses, par A. Houssaye, 1851 (G. Séguin).

549. Les Fées de la mer, par A. Karr, 1851 (Lorentz).

550. Gribouille, par G. Sand, 1851 (Maurice Sand).

551. Chansons de Frédéric Bérat ; Curmer, 1853.

552. Albums de caricatures : Les Travaux d'Hercule, par Doré. — Histoire du Prince Colibri, par Cham. — Un

Génie incompris, par Cham. — Deux vieilles filles à marier, par Cham. — Aventures de Télémaque, par Fénelon et Cham.

553. Histoire d'un Pion , par A. Karr, 1854 (G. Séguin).

554. Œuvres de Rabelais, 1854 (Doré).

555. Histoire de la Sainte-Russie , par Doré.

556. LES CONTES DRÔLATIQUES, par Balzac, 1855, in-8, illustrations de Doré.

> Exemplaire sur papier de Chine, adresse e{ bureaux de la Société générale de librairie.

557. Les Contes drôlatiques , 1855 , papier ordinaire.

558. Le Prince Coqueluche, par Ed. Ourliac , 1855 (E. Lacoste).

559. La Légende du Juif Errant, 1856, in-fol. (Doré).

560. Le Chevalier Jaufre , 1856. — Fierabras , 1857 , 2 vol., illustrations de Doré.

561. Les Petits Bonheurs , par J. Janin, 1857 (Gavarni).

562. Grandeur et décadence d'une serinette , par Champfleury, 1857, illustrations de Desbrosses.

563. Fables-Proverbes , par Berlot-Chapuit, 1858, in-8, illustrations de Rosa Bonheur, Bertall , Daubigny, Jules David, Gavarni , Ph. Rousseau.

564. Portraits de familles souveraines , gravés par les frères Pauquet , album.

565. Modes et Costumes historiques , gravés par Pauquet frères.

566. CONTES RÉMOIS , par le comte Louis de Chevigné , 1858 (Michel Lévy), petit In-8, illustrations de Meissonier.

> Exemplaire en petit papier (le meilleur) dans lequel on a ajouté sous les bois tirés sur Chine, et deux portraits de Meissonier, avant la lettre.
> Reliure doublée, par Cuzin, sur brochure, maroquin bleu trois filets, dos orné, l'intérieur en maroquin citron, compartiments de trois filets brisés.

567. La Dame aux Camélias, par Al. Dumas fils, 1858, (Gavarni).

568. Sketches, by Boz, 1859 (London, Chapman).

569. L'Hôtel des haricots, par Albert de Lasalle (E. Morin). GRAND PAPIER TEINTÉ.

570. Souvenirs de Madame de Caylus, 1860.

571. La Dame de Bourbon, par Mary Lafon, 1860 (E. Morin).

572. Orphée aux Enfers, par H. Crémieux, 1860, in-12, illustrations d'Edmond Morin.

> Livre primordial. Il marque le début de l'opérette. Sarcey, voilez-vous !

573. Picciola, par Saintine, 1861 (Flameng).

574. Récits enfantins, par Muller, Hetzel, 1851 (Flameng).

575. Le Roi des Montagnes, par E. About, 1861 (Doré).

576. Contes de Perrault, in-fol. (Doré).

577. Chansons d'autrefois, 1861, in-12 (Doré).

578. La Mythologie du Rhin, par Saintine, 1862 (Doré).

579. LES ÉMAUX DE PETITOT, 1862, Blaisot, 2 vol. in-4, portraits gravés par Ceroni.

> PAPIER VERGÉ. Épreuves AVANT LA LETTRE.

580. Les Contes de Perrault, 1864 (Imp. impériale), in-8.

581. ŒUVRES DE MOLIÈRE, édition dite *de Perrin*, 1864-1870 (Lyon, Scheuring), 6 vol. in-8, vignettes d'Hille-macher.

> GRAND PAPIER DE HOLLANDE, premier état des vignettes, AVANT LA SIGNATURE de l'artiste.
> Suite de Moreau (Renouard), suite de Lalauze et suite de Boucher (Lemerre, éditeur), AVANT LA LETTRE, etc.

582. La Troupe de Molière. — La Troupe de Voltaire. — La Troupe de Talma. — Feu Séraphin.

> Premiers tirages.

583. Horace, traduction de Jules Janin, 1865, 1 vol. in-12, en 2 parties.

> GRAND PAPIER, figures de Chauvet ajoutées.

584. ŒUVRES D'ALFRED DE MUSSET , édition dédiée aux amis du poète, 1865, 10 vol. grand in-8 , figures de Bida.

585. Histoire anecdotique des Barrières de Paris , par A. Delvau, 1865, in 12 , eaux-fortes de Thérond.

586. LES HEURES PARISIENNES, par A. Delvau , 1866 , in 12 , eaux-fortes de Bénassit.

PAPIER DE HOLLANDE.

587. LE CAPITAINE FRACASSE , par Th. Gautier, 1866 (Doré).

588. LA BIBLE , 1866 , 2 vol. in-fol. (Doré).

On y a ajouté les planches supplémentaires.

589. Le Livre de mes Petits-Enfants , par M. Delapalme , 1866 , in-8, illustrations de Giacomelli.

590. Le Fond du Sac , réimpression de Leclère, 1866, in-8.

Exemplaire sur Chine avec tous les tirages hors texte. Reliure de Cuzin, maroquin bleu.

591. Paris-Guide, 1867, in-8.

PAPIER DE CHINE.

592. Chansons de Béranger; Perrotin, 1867, figures par divers.

593. Les Chats , par Champfleury, 1868.

594. La Comédie au boudoir, par M. de Podesta (Delprat) , 1868, in-8, illustrations par Edmond Morin et autres.

PAPIER DE CHINE.

595. Le Capitaine Castagnette (Doré).

596. La Légende de Croquemitaine (Doré).

597. La Rapinéide ; Barrau, 1870, in-8.

Gravures TIRÉES HORS TEXTE.

598. Les Créanciers , par Charles Monselet , œuvre de vengeance avec une cruelle (*sic*) eau-forte d'Émile Bénassit , 1870, plaquette in-8.

599-604. Discours sur l'Histoire Universelle, par Bossuet. — Oraisons funèbres , par Bossuet. — Œuvres de Boileau.

— Les Caractères de La Bruyère. — Lettres choisies de Madame de Sévigné. — L'Imitation de Jésus-Christ , éditions publiées par Mame, 6 vol. grand in-8 , avec eaux-fortes de Foulquier, 1870-1874.

> Pièces diverses ajoutées : figures de Monsiau et de Desenne AVANT LA LETTRE dans le Boileau, portraits de Masquelier et autres dans les Lettres de Mme de Sévigné, figures de Johannot AVANT LA LETTRE. dans l'*Imitation*, etc.

605. Histoire de France tintamarresque , par Touchatout (Léon Bienvenu) , 1872 , grand in-8 , illustrations de Lafosse.

606. THÉATRE DE JEAN RACINE ; Jouaust , 1873-1874 , 4 vol. in-8 , vignettes d'Hillemacher.

> GRAND PAPIER DE HOLLANDE. Figures de Moreau AVANT LA LETTRE, figures de Gravelot, titres d'après Garnier, ajoutés.

607-617. Collection Jouaust,1874-1882, in-12 : Manon Lescaut, 2 vol. (eaux-fortes d'Hédouin). — Voyage sentimental (Hédouin). — Contes de Perrault , 2 vol. (Lalauze). — Voyage autour de ma chambre (Hédouin). — Paul et Virginie (La Guillermie). — Chansons de Nadaud , 3 vol. (Edmond Morin). — Physiologie du goût , de Brillat-Savarin, 2 vol. (Lalauze , tirage des gravures avant que les cuivres aient été réduits). — Les Confessions , 4 vol. (Hédouin) — Les Mille et une Nuits, 10 parties (Lalauze). — La Vie des Dames Galantes , 3 vol. (Boilvin , d'après E. de Beaumont). — Le Capitaine Fracasse.

> Ces onze ouvrages sont sur GRANDS PAPIERS, Chine ou Whatman, avec les PREMIERS ÉTATS des figures.

618. Manon Lescaut , édition de Glady frères , 1775 , in-8 , eaux-fortes de Flameng.

> PAPIER DE CHINE.
>
> Cela fait une *Manon Lescaut* de plus...., et puis voilà tout !
> Mais ce volume nous rappelle le souvenir du plus énorme coup de tam-tam que la réclame ait jamais frappé pour annoncer l'apparition d'un livre, à l'époque où les frères Glady ouvrirent, gros de projets, leur petite librairie de la rue de la Bourse.
> Dans leur pensée, ceci n'était pour eux qu'un début. Aussi, le simple titre de *Manon Lescaut* tout nu leur parut-il grêle et manquant d'effet. On l'enveloppa donc dans l'appellation plus générale et formidable de *Collection Galaup de Chasteuil* (?), — COMPRENANT TOUS LES CHEFS-D'ŒUVRE DE L'ESPRIT HUMAIN (excusez du peu), — et de plus, *commentée par les plus grands critiques de notre temps*, (attendez, il y en a encore),

— et illustrée par les maîtres les plus célèbres dans l'art du dessin et de la gravure !

Et ce ne fut pas tout! Un sous-titre annonçait un tirage à petit nombre, sur *peau de vélin*, sur *parchemin*, sur *papier du Japon*, sur *papier Whatman impérial*, sur *papier de Chine*, sur *papier Van Gelder Zonen d'Amsterdam*, sur *papier Turkey Mill* !

Et un autre titre, reprenant ce thême en modulations, énumérait les séductions du volume: *Portrait d'après Carpeaux,* — *par Jules Jacquemart,* — *tiré par Liénard.* — *Variantes et notice d'Anatole de Montaiglon.* — *Vélin de veau premier choix.* — *Eaux-fortes de Flameng,* — *tirées par Salmon.* — *Papier d'Hollingworth.* — *Préface de Dumas fils (de l'Académie française).* — *Encre de Lorilleux.* — *Ornements de Reiber,* — *gravés par Pannemaker.* — *Parchemin de Mercier...!*

Et après ce début rutilant, plus rien ! La *Manon Lescaut* fut à la fois l'alpha et l'oméga de la série, la librairie disparut, et, de la collection Galaup de Chasteuil (comprenant tous les chefs-d'œuvre de l'esprit humain), il ne fut plus jamais question. *Sic transit gloria Glady.*

Pourtant, le volume suivant mérite encore d'attirer l'attention des penseurs :

619. L'Avare, comédie en cinq actes de J.-B.-P. Molière, MISE EN VERS (!!!, ceci répondait évidemment à un besoin!) par M. L. F. A., 1875, Glady, in-8, eau-forte d'Edmond Morin.

620. L'Amour au XVIIIᵉ siècle, par E. et J. de Goncourt, 1875, in-12, eaux-fortes de Boilvin.

621. Monsieur Nostradamus, par Zénaïde Fleuriot, 1875, in-8, illustrations par Adrien Marie.

Papier de Chine.

622. L'Insecte, par Michelet, 1876, in-8 (Giacomelli).

623. Les Travailleurs de la Mer, par Victor Hugo. 1876, grand in-8, illustrations de Vierge.

624. Quatre-vingt-treize, par Victor Hugo, 18 (Hugues, éd.), illustrations sur bois d'après Bayard, Vierge, etc

Papier de Chine.

625. CHRONIQUE DE CHARLES IX, par Prosper Mérimée, édition des Amis des Livres, 1876, 2 parties grand in-8, eaux-fortes d'Edmond Morin.

L'exemplaire, — relié par Thibaron-Joly en maroquin rouge, compartiments sur les plats, — contient toutes les vignettes en TIRAGE HORS TEXTE, avec leurs PREMIERS ÉTATS.

C'est le privilège de celui qui dirige la confection d'un livre, pour notre Société, que de pouvoir se faire un exemplaire exceptionnel par l'adjonction des épreuves d'essai. C'est bien naturel, et il n'y a rien à dire à cela.

626. La Comédie de notre temps , texte et illustrations par Bertall (1. Civilité, habitudes. 2. Les Enfants, les jeunes. 3. La Vie hors de chez soi. 4. La Vigne, 1871-1878, 4 vol. grand in-8.

627. ŒUVRES D'ALFRED DE MUSSET , édition Lemerre , 1876 , 10 vol. in-18.

    Exemplaire sur PAPIER DE CHINE auquel sont ajoutés 18 portraits, 1 frontispice de Rops, 8 figures par Lalauze d'après Bida, 41 par Monziès d'apres Pille.

628. Le Docteur Herbeau , par Jules Sandeau , 1877 , in-18 , 2 dessins de Bastien - Lepage , gravés à l'eau-forte par Champollion.

    PAPIER DE CHINE.

629. Contes d'Alphonse Daudet, 1877, in-18, avec deux eaux-fortes d'Edmond Morin.

    PAPIER DE CHINE.

630. Colomba , 1876, in-18, avec deux dessins de Worms , gravés par Champollion.

631. Bibliothèque rose : Le Château de la Pétaudière , illustrations de Ad. Marie. — Les Deux Reines, illustrations de Delort. — Histoire d'une grand'mère , illustrations de Delort. — Le Secret de Laurent, illustrations de Sahib. — La Maison modèle, illustrations de Sahib, ensemble 5 vol. in-12.

    PAPIER DE CHINE.

632. Avril , par Alexandre Piedagnel , 1877, in-12, frontispice de Giacomelli gravé par Lalauze.

    PAPIER DE CHINE.

633. A coups de fusil , par Quatrelles , 1877, in-4 , illustrations de Neuville.

    Premier tirage, avec les deux pièces qui ont été ajoutées dans la seconde édition.

634. Paul et Virginie , 1878 (Lemerre) , in-8 , eaux-fortes d'Hédouin.

    PAPIER DE CHINE.

635. L'Imitation de Jésus-Christ, 1878 (Quantin), in-8, illustrations de J.-P. Laurens , gravées par Léopold Flameng.

PAPIER DU JAPON, trois tirages des figures.

636. VOYAGE DANS UN GRENIER, par Charles Cousin ,
1878 (Morgand et Fatout), grand in-8 , illustrations , eaux-
fortes, chromolithographies.

Exemplaire en PAPIER DU JAPON, spécialemént tiré pour M. Eugène
Paillet.

637. Les Solutions conjugales , par Auguste Saulière , première édition (Librairie de l'eau-forte) , in-8, bois de
Bénassit , eaux-fortes de Somm.

638. L'Exposition universelle de 1878 , lettre illustrée et
quarante-huit eaux-fortes par Martial.

639. Dessins d'un Japonais , eaux-fortes par Martial , 1878 ,
in-4.

640. Les bons Comptes font les bons Amis, par Champfleury,
illustrations par Edmond Morin.

641. MONSIEUR, MADAME ET BÉBÉ , par Gustave Droz ,
1878 (V. Havard) , grand in-8 , illustrations d'Edmond
Morin.

PAPIER DE CHINE.

642. Scènes de la Bohême , par Henry Murger, édition des
Amis des Livres, 1879, in-8, illustrations de Bichard.

643. ORAISON FUNÈBRE DU GRAND CONDÉ , par Bossuet ;
Morgand, 1879. In-fol., figures de Léchevallier-Chevignard.

644. Reproduction des dessins de Fragonard pour les Contes
de La Fontaine , par Martial.

Épreuves en QUATRE ÉTATS différents.
Voyez plus haut, n° 10, au sujet des dessins.

645. Le Drapeau, par Jules Claretie , 1879, grand in-8, illustrations de Neuville et Edm. Morin.

646. Vie des Dames galantes , par Brantôme , 1879 (Arnaud

et Labat) , 3 vol. in-8 , figures de Pille , gravées par
Champollion.

PAPIER DE CHINE, figures AVANT LA LETTRE et EAUX-FORTES.

647. Une vieille Maîtresse, par Barbey d'Aurevilly. Lemerre,
1880 (Buhot).

648. Fortunio, par Théophile Gautier, édition des Amis des
Livres, 1880, in-8, illustrations de Milius et Avril.

Aux épreuves de l'édition, on a ajouté une des suites que le graveur
a tirées pour lui, AVEC DES REMARQUES.

C'est un usage constant, que les graveurs tirent pour eux un certain
nombre d'épreuves de toutes leurs planches. Ce nombre est généralement de six à huit.

Ces épreuves sont destinées à former l'œuvre que le graveur conserve
pour lui, ou bien a être offertes à ses amis et à ses confrères.

Les graveurs conservent aussi leurs épreuves d'essai ; ils ne sont
pas forcés de livrer leur travail dans un état qu'ils ne jugent pas
parfait.

Les épreuves qu'ils gardent sont généralement dans un état de
perfection particulier. C'est pour cela que les épreuves, dites *d'artiste*,
ont toujours été si recherchées, — jusqu'au jour où les éditeurs ont
avili cette appellation en l'appliquant à des épreuves tirées pour le
commerce.

Cependant, même consacrés par l'usage, même en admettant qu'il ne
se produise aucun abus, ces tirages d'états spéciaux pour les graveurs
offrent des inconvénients. Aujourd'hui que les amateurs les recher-
chent avidement, les graveurs résistent difficilement à la tentation d'en
tirer un profit qu'ils considèrent comme un complément naturel et
obligé du prix de leur travail.

649. Contes de Perrault, édition Lemerre, 1880, un vol. in-8.

PAPIER DE CHINE. Vignettes de Pille, AVANT LA LETTRE et EAUX-
FORTES.

650. LA RELIURE , par Marius Michel, 1880, 2 vol. in-4.

PAPIER DU JAPON.

651. Les Tribunaux comiques , par Jules Moineaux , 1881,
(Stop).

652. Nouveau Théâtre des Pupazzi , texte et dessins naïfs
(*sic*), par Lemercier de Neuville, 1882, in-8.

653. Les Récits du père Lalouette, par Henri Demesse. 1882,
Ollendorf , éd., in-8 , figures.

PAPIER DU JAPON.

654. Le Lion amoureux , par F. Soulié , édition Conquet ,
1882 , in-12 , illustrations de Sahib.

655-656. Les Ornements de la Femme, par Octave Uzanne :
1. L'Éventail, 1882, — 2. L'Ombrelle, 1883, 2 vol. in-8,
illustrations d'Avril.

Figures hors texte ajoutées.

657. Gallet et le Caveau, par J. Bouché, 1883, à Épernay,
in-18, figures.

Papier de Chine.

658. SOUS BOIS, par André Theuriet, 1883 Conquet, illustration sur bois d'après Giacomelli.

Papier de Chine, épreuves tirées hors texte.
C'est un petit livre charmant.

659. Monument du Costume, réduction des figures de Freudeberg et Moreau, par Dubouchet, 1883 (Conquet), in-8.

Figures en premier état et eaux-fortes.

660. Œuvres de Coppée, édition de Lemerre, 1883, in-4,
illustration de Boilvin.

Papier de Chine, figures avant la lettre et eaux-fortes.
On n'a pas pris le second volume, qui n'est plus illustré par Boilvin.

661. EUGÉNIE GRANDET, par Balzac, édition des Amis
des Livres, 1883, in-8, illustrations de Dagnan.

L'exemplaire contient différents premiers états des gravures, en
dehors de ceux qui ont été publiés (L'exécution du livre a été dirigée
par Eugène Paillet) ;
Les dessins originaux de Dagnan, accompagnés d'une étude faite
par le même pour la figure du père Grandet ;
Différents autographes relatifs à la confection du livre.
Reliure par Cuzin, en maroquin olive, compartiments de filets sur
les plats, dos orné ; doublée de maroquin rouge, dentelles intérieures ;
Dans un étui.

Les exemplaires des membres de la Société ont les épreuves et les
eaux-fortes ; mais je me rappelle avoir vu au Salon la suite exposée par
le graveur ; toutes les épreuves portaient des *remarques*. Il eût été
intéressant pour nous de les avoir dans cet état. On fait partie d'une
société précisément pour avoir des livres avec épreuves exceptionnelles,
et il arrive que ce sont tout juste les exemplaires des membres de la
Société qui n'ont pas les états les plus curieux ! Voilà l'inconvénient !

662. LES ORIENTALES, par Victor Hugo, édition des Amis
des Livres, 1883, in-4, figures de Gérôme et Benjamin
Constant.

La reliure est de Cuzin, en maroquin rouge janséniste ; doublée de
maroquin citron, large dentelle intérieure.

Notre bibliophile, ayant dirigé le livre, a pu joindre, comme de juste, à son exemplaire TOUS LES ÉTATS INTERMÉDIAIRES des planches.

Il n'y a pas d'autre exemplaire exceptionnel, si ce n'est celui du graveur, contenant également de nombreux états de chaque planche ; j'ai entendu dire qu'il avait été offert pour 1200 fr., à Conquet, (qui, d'ailleurs ne l'a pas acheté).

663. LA CHARTREUSE DE PARME , par Stendhal , édition Conquet, 1883 , 2 vol. in-8, eaux-fortes de Foulquier.

PAPIER DU JAPON. Épreuves HORS TEXTE, et EAUX-FORTES.

664. Le Rouge et le Noir, par Stendhal , édition Conquet , 1884 , 3 vol. in-8 , gravures de Dubouchet.

PAPIER DU JAPON. Épreuves HORS TEXTE, et EAUX-FORTES.

665. LA CHANSON DE L'ENFANT , par J. Aicard , in-8 (Imp. Chamerot), illustrations de Lobrichon.

PAPIER DU JAPON, bois tirés HORS TEXTE.

666. MON ONCLE BARBASSOU , par Mario Uchard , édition Lemonnyer, in-8, 1884 , eaux-fortes d'Avril.

PAPIER DU JAPON, figures tirées HORS TEXTE, et EAUX-FORTES.

667. La Famille Cardinal , par Ludovic Halévy (Conquet , éd.), 1884 , in-12, fig.

668. MADEMOISELLE DE MAUPIN, par Théophile Gautier, édition Conquet, 2 vol. in-8 ; gravures de Champollion d'après Toudouze.

Exemplaire sur JAPON.
Figures AVANT LA LETTRE et EAUX-FORTES.
Ce livre, qui témoigne d'un véritable effort de goût de la part de l'éditeur, a eu un succès considérable dans le public bibliophile.

669. Illustrations d'Eugène Lami , pour Musset, gravées par Lalauze (Morgand , éd.).

670. JACQUES LE FATALISTE , par Diderot, édition des Amis des Livres, 1884 , in-8, illustrations de Maurice Leloir.

PAPIER DU JAPON ; avec les EAUX-FORTES.

Je n'hésite pas à déclarer que je regrette d'avoir fait faire ce livre sur papier du Japon. On a tellement abusé de ce papier en ces derniers temps que les amateurs semblent s'en fatiguer. Mais ceci n'est encore rien. La grosse affaire est que le japon est extraordinairement susceptible de se salir, — c'est le papier-hermine, — et qu'une fois sali, il est irréparable, il n'est pas possible de le laver, le moindre frottement l'écaille ; allez donc passer la gomme dessus ! De plus, personne ne peut dire comment il se comportera dans l'avenir au point de vue de la piqûre et des taches. On assure déjà qu'il se pique : ce qui serait irrémédiable. Il y a même des bibliophiles facétieux qui s'amusent à jeter dans la circulation le bruit que ce papier serait sujet aux ravages d'un ver spécial ; mais cette histoire de *ver du Japon* n'est encore qu'à l'état de mauvaise fumisterie.

En ce qui concerne le tirage des planches, le traité intervenu entre la Société et les graveurs stipulait que ces derniers n'auraient droit qu'à deux épreuves en tout et s'interdisaient d'en conserver davantage, et, à plus forte raison, d'en mettre en vente, à peine de mille francs de dommages-intérêts. Il n'y a pas eu d'exemplaires exceptionnels pour les graveurs.

671. SERVITUDE ET GRANDEUR MILITAIRES, par Alfred de Vigny, édition des Amis des Livres, in-8, 1885, illustrations de Dupray.

PAPIER DU JAPON, tirage HORS TEXTE des illustrations et EAUX-FORTES.

Ici, le graveur a bien voulu céder à la Société ses épreuves, (mille remerciements !) qui ont été acquises par quelques-uns d'entre nous.

Plusieurs membres de la Société ont regretté de voir ainsi se former un certain nombre d'exemplaires plus parfaits que les autres, et avaient émis l'avis de détruire les épreuves de remarque, pour ne pas faire de jaloux. Cet avis n'a pas prévalu, l'égalité des citoyens devant les épreuves n'étant pas inscrite au nombre des droits de l'homme.

Et penser que ce n'est déja pas assez du choléra, des tremblements de terre, et de tous les fléaux déchaînés sur ce globe, et qu'il faut encore que dans notre courte vie on se fasse de la bile pour les tirages hors texte et pour les remarques !

Collectionneurs, ô mes confrères ! comment pouvons-nous nous regarder sans rire ?

Vous trouvez peut-être que je défends ici vos intérêts avec mollesse ? Tenez, j'aime mieux tout vous dire !

Oui, comme membre d'une Société qui édite, je partage l'exaspération des éditeurs lorsque, le jour même où ils publient un livre, ils voient mettre dans le commerce des *états* de leurs illustrations supérieurs à tous ceux qu'ils possèdent.

Mais, comme amateur et collectionneur, je ne suis pas fâché de pouvoir me procurer ces états que les éditeurs n'ont pas et qui rehaussent une collection. Dernièrement, ayant acquis un lot d'épreuves d'artiste, j'eus l'occasion de les montrer à un éditeur, en le priant de m'indiquer à laquelle de ses publications elles se rapportaient. Il devint pourpre : *Mais vous ne devriez pas les avoir en cet état-là !* criait-il, *je ne les ai pas, moi !*

Vous comprenez combien ces cris de désespoir étaient doux à l'oreille d'un collectionneur !

Pour conclure, il nous semble que c'est aux éditeurs à se garer, au moyen de traités formels.

Ou bien, qu'on peut résoudre la question par les simples convenances.

Il est convenable de traiter les artistes avec la déférence due à leur talent, et de leur laisser des épreuves de leurs travaux.

Il est convenable aux artistes de garder leurs épreuves de graveurs, de les offrir à leurs amis ou à leurs confrères, au Cabinet des Estampes ou aux Musées, et de ne les point mettre trop hâtivement en vente.

672. Les Œillets de Kerlaz, par André Theuriet, illustrations de Rudaux et Giacomelli, 1886 (Conquet, id.), in-12.

Cette charmante plaquette a été gracieusement et gratuitement offerte à ses principaux clients par l'éditeur. Conquet, comme jadis l'administration du Châtelet, *ne recule devant aucun sacrifice* pour nous être agréable.

Depuis longtemps déjà Conquet joue un rôle important dans la librairie contemporaine. Il débuta boulevard Bonne-Nouvelle, c'est-à-dire bien au-delà des limites du Monde connu des bibliophiles, Monde dont les passages des Panoramas et Choiseul sont les colonnes d'Hercule (pour tout dire: en face de *la Ménagère !*). Aller jusqu'à sa librairie était entreprendre un voyage au long-cours.

Mais la prospérité de ses affaires lui a permis de s'établir dans une situation merveilleuse ; rue Drouot, à deux pas du boulevard des Italiens, à deux pas de l'hôtel des ventes et du même côté.

C'est-à-dire que, de gré ou de force, en badaudant ou en allant à vos affaires, en sortant par désœuvrement ou par occupation, il faut que vous passiez devant lui ou près de lui ; et y passant, je vous défie de ne pas entrer. Conquet est accueillant, de bonne humeur, avec l'air toujours réjoui : son collègue Poisson n'est ni moins accueillant ni de moins joyeuse humeur ; de plus, vous trouverez toujours dans la librairie quelques bibliophiles avec qui causer : c'est un lieu de réunion en pleine vogue.

D'abord, vous nous y trouverez : par nous, j'entends les anciens de la parlotte du passage Choiseul d'il y a dix ans. Mais nous y jouons les pères nobles, étant ici dans un tout autre milieu. Chaque librairie, en effet, a son public. Chez Potier, on était grand bibliophile et érudit, en un mot, tous *Brunetiers* (ainsi qualifiés du *Manuel* favori). Chez Porquet, on est faubourg Saint-Germain. Rouquette et Fontaine furent le centre de réunion des bibliophiles de 1875, fanatiques du XVIIIᵉ siècle et de vignettes. ou des *Cohénistes.* Les *Brivoisiens* vont rue Drouot. La librairie de Conquet est le quartier-général des jeunes-France bibliophiles, l'école normale du livre moderne, où l'on suit un cours de bibliographie du XIXᵉ siècle ; c'en est aussi la Bourse, et c'est là qu'il faut en étudier les fluctuations.

Ce n'est pas à dire pour cela que la nouvelle génération attache à la cote des livres la même importance que celle qui l'a précédée. La préoccupation constante de ne pas faire un mauvais placement en achetant un livre restera la marque distinctive, le trait caractéristique des bibliophiles de 1875. Et nous avons notre excuse : c'est que les prix étaient tels que le moindre faux coup de barre dans un achat tournait au désastre. Aujourd'hui, on est revenu au calme, les livres subissent un tantinet de krach, les amateurs-fous ont disparu. Place aux jeunes !

Dans les clients de Conquet, vous rencontrerez MM. Charvet, Giraudeau, Clément, Coppeaux ; — M. Brivois, cela va sans dire ; — le comte Berthier, un ancien du XVIIIᵉ qui a permuté pour le XIXᵉ ; — M. Legrand, collectionneur enragé et difficile, qui fait tous les jours la tournée de tout Paris, et qui découvre dans les catalogues ce que les libraires eux-mêmes ne savent pas y voir ; — Jules Claretie, Francisque Sarcey ; Henri Meilhac et Ludovic Halévy ; — Lassouche, fort amusant lorsqu'il a du temps à perdre pour causer : il collectionne les curiosités littéraires ; — M. Decaux, qui possède des multitudes de livres: bibliothèque en ville, bibliothèque à la campagne; lorsque ses livres sont chez lui, ils sont encore en paquets parce qu'il n'a pas eu le temps de les examiner; lorsqu'il les a examinés, ils ne sont plus chez lui parce qu'il les a prêtés à Robida, ou aux autres artistes auxquels il commande des dessins, ou à son ami Claretie : (il possède entre autres un livre à faire expirer de jalousie tous ses rivaux: le *Béranger* de M. Double, revu et considérablement amélioré, et relié par Thibaron); — M. Collin, amateur d'ouvrages sur chine , fort exigeant sur leur état de conservation ; — M. Gallimard, le roi du *fumé* ; — M. Chassaing, jeune amateur, un des derniers venus: a été de première force tout de suite; pratique le précepte *très-beau ou pas* ; — M. Hébert, autre jeune, qui va bien ; fait de l'eau-forte à ses moments perdus ; — M. Sciama, autre jeune, qui va non moins bien ; etc., etc., etc.; — Giacomelli enfin, l'aimable *Giaco*, collectionneur passionné d'estampes et de livres modernes ; on ferait un joli rayon de bibliothèque rien qu'avec les livres que ce dessinateur charmant a illustrés : sa dernière illustration *Sous - Bois*, faite pour Conquet, est exquise.

Car Conquet ne se contente pas de vendre des livres ; il en fait, et il les fait bien. Il est assurément un des éditeurs actuels qui y apportent le plus de goût.

Pénétré des bons principes, il ne veut pas entendre parler de la photogravure pour des livres d'amateur. Très-bien !

Il pense qu'on doit faire des exemplaires en grand papier en *réimposant*, et estime l'artifice des *fausses marges* à sa juste valeur, c'est-à-dire à rien du tout. Bravo !

Il ne s'arrête même pas un instant à l'idée qu'on puisse insérer dans un livre des illustrations faites *en largeur*. Bravissimo !

Il emploie le caractère Didot. Parfait !

Il ne tire pas à grand nombre.

Il est convaincu que la gravure de vignettes demande à être faite dans des conditions spéciales, pour se marier à la typographie ; qu'il n'y faut point le laisser-aller et le désordre des travaux qui caractérisent trop d'eaux-fortes contemporaines, que les « eaux-fortes de peintre » conviennent mal à l'illustration, laquelle demande des travaux rangés et une exécution très-finie ; le lâché et l'à-peu-près, en vignettes, étant odieux. Il a donc fait faire aux dessinateurs et aux graveurs non pas ce qu'ils voulaient, eux, mais ce qu'il voulait, lui. Il les a mis dans une excellente voie. L'ensemble est encore un petit peu froid, mais c'est égal, ça va bien !

673. Le Violon de faïence, par Champfleury, Conquet, 1885, in-12 (Adeline).

Papier du Japon. Vignettes tirées hors texte et eaux-fortes.

674. Les Mariages de Paris, par Edmond About. Imprimé par X***. Illustrations de X***.

C'est le dernier ouvrage dont la publication vient d'être votée par notre Société. Peut-être le texte en paraîtra-t-il un peu démodé déjà.

La Société des Amis des Livres a achevé la première phase de sa carrière. Ses dix premières années ont vu sa fondation, la lutte pour l'existence, puis huit publications qui font prime en librairie, puis le succès et la prospérité matérielle.

Un courant se dessine parmi ses membres, au sujet des livres à faire. Beaucoup voudraient nous voir sortir du sentier battu, c'est-à-dire de la publication de textes déjà publiés, de l'illustration invariablement composé d'eaux-fortes ; ils voudraient nous voir plus audacieux, plus novateurs : nos textes comme nos illustrations s'appliquant aux choses de notre temps ; les modes d'illustrations variés, le grand format solennel abandonné pour faire des petits livres. Par ià, disent-ils, nous aurions chance de trouver un jour une nouvelle et heureuse formule de livre, et c'est par cette création que la Société peut marquer sa trace.

C'est dans ce sens que sera faite la prochaine publication : un recueil dans le goût de *la Pléiade*, formé d'opuscules séparés, et illustrés chacun par des artistes et des procédés différents.

Ce livre aura vraisemblablement beaucoup de succès.

PREMIÈRES ÉDITIONS MODERNES,

ROMANTIQUES, ETC. [1]

ontes et opuscules en vers et en prose, par Andrieux, 1800.

676. La Petite Ville, par Picard, 1801.

677. Poésies de Robbé de Beauvezet, 1801.

678. Almanach des gourmands, 1803, et suiv. 8 vol. in-12, premier tirage.

> Relié par Brany, sur brochure.

679. Les Divinités génératrices, par Dulaure. Paris, Dentu, 1805, in-8.

680. CODE DE PROCÉDURE CIVILE, édition originale et seule officielle. Imprimerie impériale, 1806, in-4.

> Seul exemplaire sur VÉLIN, imprimé pour l'empereur NAPOLÉON LE GRAND.
> Reliure du temps, en maroquin bleu, dentelle sur les plats, doublée de tabis.
> Il serait intéressant de joindre à ce volume l'exemplaire sur vélin du Code civil; mais il appartient à la Bibliothèque nationale.

---

[1] Les ouvrages pour lesquels on n'a pas donné la description de la reliure sont BROCHES, OU CARTONNÉS.

Quant aux reliures, elles ont été presque toutes faites SUR BROCHURE, et la dorure sur tranche exécutée SANS QUE LES MARGES AIENT ÉTÉ ROGNÉES.

681. CORINNE , par Mme de Staël , première édition , 1807, 2 vol. in-8.

> Bonne reliure du temps en maroquin rouge, dentelle sur les plats.

682. Théorie des quatre mouvements , par Fourier, première édition , 1808.

> Relié sur brochure par Lortic, maroquin brun.

683. Première édition de la parodie de *la Vestale*, par Désaugiers.

684. Contes et Fables , par Guichard , 1808.

685. ŒUVRES DE PARNY, 1808 (Didot), 5 vol. in-12.

> GRAND PAPIER VÉLIN.
> Relié sur brochure par TRAUTZ, en maroquin bleu, trois filets, dos orné, roulette intérieure. Le cinquième volume (*la Guerre de Dieux*) a sa reliure DOUBLÉE de maroquin orange avec un délicieux motif d'encadrement du XVIIIe siècle.

686. Le Sacrifice de l'amour, suivi d'un nouveau dictionnaire d'amour ; à Sybaris, 1809, in-8.

687. Les Goguettes du bon vieux temps , 1810.

688. LE MÉRITE DES FEMMES , par Legouvé, 1813 , in-8.

> Reliure très-drôle, avec des cathédrales sur les plats. Dans un étui.

> Le vrai mérite des femmes, au point de vue bibliophile, c'est de ne pas montrer les dents plus que de raison aux achats de livres.
> S'il faut en croire les propos tenus par les bibliophiles, lorsqu'ils sont en veine d'épanchements , il y en aurait dont les moitiés montreraient une répugnance instinctive pour ce genre de collection.
> Les femmes sont-elles oui ou non hostiles aux livres ?
> Suivant nous, le sujet prête à discussion et n'est pas susceptible d'une solution ferme: on peut argumenter pour et contre.
> Certains bibliophiles, avant de s'adonner à leur passion effrénée pour les livres, ont longuement agité en eux-mêmes ce grave problème, et, nouveaux Panurges, se sont posés anxieusement la fameuse question : *Me dois-je marier ?* D'aucuns nous ont gravement énoncé cet axiôme, soufflé par nous ne savons quelle sybille de Panzoust : *les femmes veulent qu'on n'aiment qu'elles*, et partant de là, s'imaginant qu'elles ne tolèrent pas la rivalité du livre, se sont voués au célibat. A l'instar de Newton, ils ont voulu concentrer toutes leurs forces sur un seul objet. Ils ont contracté une sorte de mariage mystique avec le livre. Tant mieux s'ils sont heureux. (Mais j'y songe, ces livres bien aimés, à qui les laisseront-ils ?)
> On dit encore que parmi les femmes de bibliophiles, plus d'une a pour le livre une indifférence suprême frisant le dédain: plus d'une même le regarde avec colère. (Il faut dire que les collectionneurs trop ardents ne sont pas divertissants. Ne pas quitter les librairies, c'est une manière, pour certains hommes, d'êtres *dévotes*. C'est fort ennuyeux). On cite un amateur qui, redoutant l'œil de sa femme, usait

du procédé suivant pour introduire de nouveaux livres dans sa bibliothèque. Il les déposait sur le palier de l'étage inférieur, montait chez lui sans avoir l'air de rien, causait, attendait l'heure du couvre-feu, et, son monde endormi, redescendait prendre ses bouquins pour les insérer dans sa bibliothèque. Ce sont là de ces petites histoires qu'on se raconte dans les librairies sur le coup de cinq heures.

Mais par contre, ne serait-il pas facile de citer des exemples très-probants en sens opposé : des femmes qui favorisent le développement des collections, qui s'y intéressent, qui ne dédaignent pas de feuilleter un livre à figures ou d'apprécier une reliure en mosaïque, et ce, avec d'autant plus de goût qu'elles sont étrangères aux maniaqueries de collectionneur ?

Et que dire du dévouement des maîtresses de maison qui consentent à présider des dîners uniquement composés de bibliophiles, où l'on parle livres tout le temps ?

Ne cite-t-on pas des femmes qui daignent assister de temps en temps aux séances quotidiennes de certaines librairies, et qui font partie de sociétés de bibliophiles ?

Pour citer un seul nom, Renouard ne nous dit-il pas que sa femme l'aidait à faire les fiches de son catalogue ? « Ce qui n'est pas très-ordinaire, — dit-il, — je puis vivre en même temps au milieu de ma famille et de mes livres. » C'est, en effet, le dernier mot du dévouement.

689. La Gaudriole, 1816.

690. ŒUVRES D'ANDRÉ CHÉNIER, première édition, 1819, in-8.

Reliure de Cuzin, maroquin bleu.

691. LES SOIRÉES DE SAINT-PÉTERSBOURG, par Joseph de Maistre, 1821, 2 vol. in-8.

692. L'ENFANT DE MA FEMME, par Paul de Kock, 1822, 2 vol.

693. Les Amours françaises, poèmes, par Fréd. Soulié, 1824.

694. ŒUVRES DE XAVIER DE MAISTRE, 1825, 3 vol. in-12.

695. Histoire de la Conquête de l'Angleterre par les Normands, par Aug. Thierry, première édition, 1825, 3 vol.

696. RÉCITS DES TEMPS MÉROVINGIENS, par Aug. Thierry, première édition, 2 vol.

Demi-reliure de Bauzonnet-Trautz.

697. LETTRES SUR L'HISTOIRE DE FRANCE, par Aug. Thierry, première édition.

Demi-reliure par Trautz.

698. Physiologie du goût, par Brillat-Savarin, 1826, 2 vol.

699. Proverbes romantiques, par A. Romieu, 1827.

700. Le Grand-papa , 1827.

701. CHANSONS ET POÉSIES DIVERSES, par Désaugiers. Ladvocat , 1827, 4 vol. in-12.

> Exemplaire exceptionnel, dans une ravissante reliure de PURGOLD, en maroquin orange à grain long ; d'une fraîcheur exquise.

702. HISTOIRE DE LA RÉVOLUTION FRANÇAISE, par M. Thiers, première édition , 1827 et suiv.

> On sait que les deux premiers volumes de cette première édition, portent sur le titre : *par MM. Thiers et Félix Bodin.* Le nom de M. Bodin était mis pour allécher ; celui de M. Thiers n'ayant pas alors de notoriété. Au troisième volume, le nom de M. Bodin disparut.
> Une nombreuse collection de vignettes et de portraits est préparée pour être insérée dans cet exemplaire lorsqu'il sera envoyé à la reliure.

703. La Réforme de 1560 ou le Tumulte d'Amboise , scènes historiques , 1829, in-8.

> Excellente demi-reliure de Thouvenin.

704. Code de l'amour, par H. de Molière, 1829 (à Bruxelles).

705. Petits classiques , publiés par Charles Nodier : Œuvres choisies de Sarrazin ; — Campagne de Rocroy ; — Poésies d'Aceilly ; — Conspiration de Fiesque ; — Madrigaux de La Sablière ; — Voyage de Chapelle et Bachaumont ; — Œuvre de Sennecé ; — La Guirlande de Julie.

> Un des rares exemplaires sur Hollande.
> Jolie demi-reliure de Purgold.

PREMIÈRES ÉDITIONS DE BÉRANGER.

706. CHANSONS MORALES ET AUTRES , 1816.

> PAPIER VÉLIN.
> Reliure de TRAUTZ, en maroquin vert.
>
> Ce livre est de toute rareté et extrêmement recherché. Acheté à la vente du Comte Roger (du Nord), par l'intermédiaire de Porquet.
>
> Grand, fort, le teint coloré, la chevelure abondante et rebelle, l'aspect vigoureux, le visage ouvert, l'allure ronde et franche, ce qui n'exclut pas la distinction et la finesse ; vendant ses livres, assurément, si on les lui demande, mais rien de plus ; ne les vantant jamais, au besoin

signalant lui-même leurs défauts : désintéressé, sincère et calme, Porquet représente la vraie race des libraires d'autrefois.

Il tient à présent dans la librairie parisienne la place qu'occupait Potier de regrettée mémoire : lourd héritage sous lequel il n'a pas fléchi. C'est lui qui donne aujourd'hui la réplique dans les conversations de bibliophilie transcendante, car les grands bibliophiles ne passent jamais quai Voltaire sans entrer au numéro 1 pour disserter avec lui sur quelque point épineux du métier. Son autorité s'appuie sur sa fortune, son honorabilité, sa situation ancienne et bien acquise, sa science bibliographique incontestée.

Porquet n'est pas seulement une physionomie notable de libraire ; il est une puissance ! Il est le Quai se redressant contre le Passage ; la tradition opposée à la révolution, la tranquillité à l'agitation, la mesure à l'audace, la modération aux excès ! Sa librairie est un foyer de réaction contre les passions exaltées du club des Panoramas : c'est le Coblence où ont émigré les amateurs terrorisés par la frénésie des bibliophiles de 1875, par les saturnales de l'hôtel Drouot. et où ils attendent avec conviction la restauration de l'ancien régime des prix.

Je crains bien qu'il ne leur soit donné présentement un commencement de satisfaction.

Le Livre a baissé !

Mais ne vous y fiez pas ! Ce n'est point aux ventes dirigées par Porquet qu'on verra se produire la débâcle désirée. Porquet, bien qu'investi de la confiance du noble faubourg, est dans le mouvement. Il sait comme on prépare, on lance, on soutient, on défend une vente ! A la table de l'expert, il a l'aisance d'un homme sûr de lui. C'est un moderne, qui connaît tous les trucs et les évente, qui ne se laisse point intimider par les réclamations sincères ou perfides de certains ponteurs, ni déconcerter par la faconde de quelques confrères, ni démonter par les esbrouffades des bibliopoles nouvelles-couches. Il gouverne la vente et la mène, aimable, mais ferme.

Le fer sous le velours !

Ce fut un roman que l'acquisition de ce livre. Que dis-je, un roman ? presque un drame.

On ne croyait pas que le *Béranger* de 1816 existât sur papier vélin. Les autorités les plus accréditées en la matière l'affirmaient ; il n'y a pas eu de papier vélin. Béranger lui-même, interrogé par M. Boiteau, son historiographe, sur ce point d'une si haute importance, avait répondu : non, il n'y a pas eu de papier vélin.

Lorsqu'un jour, examinant les livres de la vente du comte Roger, Eugène Paillet ouvre ce volume. Ciel ! du papier vélin ! Il bondit, mais comme savent bondir les bibliophiles adroits : en dedans et sans laisser rien voir. Il referme le livre et se tait. Il charge Porquet de pousser pour lui le petit *Béranger* de 1816, et, — voyez sa prudence ! — sans l'avertir qu'il est en papier vélin.

Porquet va l'obtenir pour rien ; le marteau d'ivoire va frapper. Soudain Conquet « demande à voir ». Ciel ! du papier vélin ! Lui aussi bondit en dedans sans en avoir l'air, et se met à pousser. Porquet riposte. Conquet tient bon. De Porquet en Conquet, de Conquet en Porquet, on arrive à huit cents francs. Finalement, le livre reste à Porquet.

L'assistance est ébahie. Huit cents francs ! Il y a quelque chose là-dessous !

Porquet passe le livre à notre bibliophile, qui le brandit en disant : IL EST EN PAPIER VÉLIN !

Cent bouches stupéfaites répondent : IL ÉTAIT EN PAPIER VÉLIN !

Les voilà, les émotions fortes de la bibliophilie ! Heureusement, elles sont rares : on n'y résisterait pas !

707. Chansons , 1821, 2 vol.

En maroquin bleu par Thibaron (sur brochure), ainsi que les cinq suivants :

708. Procès aux Chansons , 1821.

709. Chansons nouvelles , 1825.

710. Chansons inédites , 1828.

711. Supplément aux chansons , 1829.

Très-rare édition des chansons libres.

712. Chansons nouvelles et dernières , 1833.

PREMIÈRES ÉDITIONS DE C. DELAVIGNE.

713. Les Vêpres Siciliennes , 1819.

714. Le Paria , 1821.

715. L'École des Vieillards , 1823.

716. La Princesse Aurélie , 1828.

717. Marino Faliero , 1829.

718. Louis XI , 1832.

719. Les Enfants d'Édouard , 1833.

720. Don Juan d'Autriche , 1836.

721. Une Famille au temps de Luther, 1836.

722. La Popularité , 1839.

723. La Fille du Cid . 1840.

724. Le Conseiller rapporteur, 1841.

PREMIÈRES ÉDITIONS DE LAMARTINE.

725. MÉDITATIONS POÉTIQUES , 1820.

Reliure de Thibaron-Joly, sur brochure, en maroquin bleu, compartiments sur les plats, doublée de maroquin citron, dentelle intérieure.

726. Nouvelles méditations , 1823.

Relié sur brochure, en maroquin bleu janséniste, par Thibaron.
On sait que Thibaron excelle dans les reliures jansénistes.

727. HARMONIES POÉTIQUES ET RELIGIEUSES, 1830 , 2 vol.

728. JOCELYN , 1836 , 2 vol.

Relié sur brochure par Cuzin, maroquin vert janséniste.

729. Recueillements poétiques , 1840 , in-8.

730. Les Confidences , 1849.

Figures de Johannot ajoutées.

731. Raphaël , 1849.

Figures de Johannot ajoutées.

PREMIÈRES ÉDITIONS DE VICTOR HUGO.

732. HAN D'ISLANDE , 1823 , 4 vol. in-12.

Cartonné par Raparlier, sur brochure.
C'est peut-être le plus bel exemplaire connu.

733. ODES ET POÉSIES , 1822 , in-12.

734. NOUVELLES ODES , 1824, in-12.

735. ODES ET BALLADES , 1826; in-12.

Ces trois volumes sont reliés sur brochure par Thibaron, en
maroquin bleu, trois filets, roulette intérieure.

736. Bug-Jargal , 1826.

Relié sur brochure par Thibaron, en maroquin brun janséniste.

737. Cromwell , 1828.

738. Odes et Ballades, 4ᵉ édition. Bossange , 1828 , 2 vol. in-8 , avec le portrait de Victor Hugo et la Ronde du Sabbat.

Demi-reliure du temps.

739. Le dernier jour d'un condamné , 1829 , in-12.

Relié sur brochure par Thibaron, maroquin brun janséniste.

740. LES ORIENTALES , 1829.

Maroquin orange, cinq filets sur les plats, par Lortic.

741. HERNANI , 1830.

Maroquin rouge, par Thibaron.

742. NOTRE-DAME DE PARIS , 1831 , 2 vol. in-8.

Reliure de Cuzin , sur brochure, en maroquin brun. avec COMPARTIMENTS ROMANTIQUES (des compartiments romantiques ! De plus en plus fort !) DOUBLÉE de maroquin rouge, dentelle intérieure.

743. MARION DELORME , 1831.

744. LE ROI S'AMUSE , 1832.

Maroquin rouge, par Thibaron.

745. LES FEUILLES D'AUTOMNE , 1832.

Avec envoi de l'auteur à son ami Taylor.

746. MARIE TUDOR , 1833 , frontispice de C. Nanteuil.

Dans une demi-reliure du temps, ainsi que les deux volumes suivants (exemplaire du BARON TAYLOR).

747. LUCRÈCE BORGIA , 1833, vignette de C. Nanteuil.

748. ANGELO , 1835.

749. LES CHANTS DU CRÉPUSCULE , 1835.

750. LES VOIX INTÉRIEURES , 1837.

751. RUY BLAS , 1838.

752. LES RAYONS ET LES OMBRES , 1840.

Reliure de Cuzin, sur brochure. Maroquin rouge.

753. LES BURGRAVES , 1843.

Maroquin rouge, par Thibaron. Sur brochure.

754. CHÂTIMENTS , 1853 (Bruxelles) , in-12 , édition avec des suppressions dans certains passages.

755. Châtiments , 1854 (Genève et New-York), in-18, édition complète.

756. Torquemada , 1882.

PREMIÈRES ÉDITIONS DE STENDHAL.

757. PROMENADES DANS ROME , 2 vol.

758. LE ROUGE ET LE NOIR, 2 vol.

759. LA CHARTREUSE DE PARME , 2 vol.

760. L'ABBESSE DE CASTRO , 2 vol.
 Les volumes qui précèdent sont en demi-reliure du temps.

761. DE L'AMOUR, 1822.

PREMIÈRES ÉDITIONS DE MÉRIMÉE.

762. THÉATRE DE CLARA GAZUL , 1825.
 Demi-reliure de Thouvenin.
 Avec le portrait de Mérimée en femme (?) C'est une petite litho-
graphie signée *Mérimée del.*, et portant le titre *Clara Gazul*, qui s'est
vendue jusqu'à 200 fr.

763. La Guzla , 1827.

764. La Jacquerie , 1828.

765. LA CHRONIQUE DU TEMPS DE CHARLES IX , 1829.

766. LA MOSAÏQUE , 1833.

767. La Double méprise , 1833.

768. CARMEN.

769. COLOMBA , 1841.
 Relié sur brochure par Lortic, maroquin vert foncé, cinq filets.

PREMIÈRES ÉDITIONS DE SAINTE-BEUVE.

770. POÉSIES DE JOSEPH DELORME , 1829.
 Maroquin bleu, sur brochure, par Cuzin.

771. LES CONSOLATIONS , 1830.
 Maroquin bleu, sur brochure, par Cuzin.

772. PENSÉES D'AOÛT, 1837.

773. LE LIVRE D'AMOUR.

> Broché.
> Opuscule très-rare, qui raconte certaines amours de Sainte-Beuve. N'insistons pas.
> En résumé, une méchante action, et qu'on ne peut pas dire commise en bons vers.
> N'est-ce pas Dumas qui disait à ce propos : *une limace sur une rose ?*

PREMIÈRES ÉDITIONS D'ALEXANDRE DUMAS.

774. TRENTE ANS, ou la Vie d'un Joueur, 1827.

775. HENRI III, 1829.

> Relié sur brochure, par Thibaron, maroquin La Vallière.

776. ANTONY, 1831.

> Relié par Thibaron, sur brochure, maroquin rouge.

777. KEAN,

778. LA TOUR DE NESLE, 1832.

> Avec quatre autographes de Dumas, Gaillardet, Bocage et Mlle Georges.

779. Le Capitaine Paul, 1838.

780. MADEMOISELLE DE BELLE-ISLE, 1839.

781. UN MARIAGE SOUS LOUIS XV, 1841.

> Quant aux premières éditions des romans des Dumas, elles sont impossibles : ce sont des volumes de cabinet de lecture.

PREMIÈRES ÉDITIONS DE BALZAC.

782. PHYSIOLOGIE DU MARIAGE, 1830.

> Curieux exemplaire de cette première édition, sur papier d'une couleur appropriée au sujet (jonquille).
> On a fait exécuter sur les blancs (ou plutôt sur les *jaunes*), réservés au commencement et à la fin des chapitres, une illustration ingénieuse composée d'un grand nombre de DESSINS ORIGINAUX, par Chauvet.
> La reliure est de TRAUTZ, en maroquin bleu, avec des compartiments XIXᵉ siècle sur les plats, dos orné, tranche dorée.
>
> Notre bibliophile a été pour beaucoup dans l'éclosion de ce nouveau système d'ornements, appliqué par Trautz et qui consiste en une série nombreuse de filets très-rapprochés, formant encadrement des plats. Au lieu d'être l'ancien *trois-filets*, c'est un *neuf-filets*.

Eugène Paillet est, en effet, l'un des hommes qui connaissent à fond la reliure; et sachez bien qu'ils sont rares, ceux dont le goût est réputé pur sur ce point; tellement rares, que parmi les bibliophiles, il est universellement admis qu'on n'en compte peut-être pas dix en tout. (Ne les nommons pas, pour laisser chacun croire qu'il fait partie de cette élite).

De plus, il est doué d'une constante initiative en cette matière, et il apporte dans la reliure l'esprit d'invention. Or. rien n'est d'ordinaire si routinier que le relieur. Copier, avec beaucoup de goût et de talent, mais copier, c'est le fond de son savoir.

Pour beaucoup de bibliophiles même, et des plus illustres, il semble que la terre ait cessé de tourner à partir de 1800; ils n'ont jamais prévu qu'on pourrait avoir à relier des livres du XIXe siècle, et que, conséquemment, il faudrait avoir pour eux un nouveau style de reliure. Oui, c'est ainsi, on n'en est pas arrivé sans de grandes difficultés à admettre l'idée que, par exemple. la première édition d'*Hernani* pouvait bien avoir autaut de droits à prendre place dans une vraie bibliothéque que celle du *Siège de Calais*, et que l'*Assommoir* pouvait, sans désavantage, lutter d'intérêt avec l'*Honnête Criminel* de M. de Falbaire; en un mot, qu'après avoir déployé des recherches extraordinaires d'imagination et de goût pour faire relier le *Pastissier françois*, Dorat, Laujon, et Mademoiselle Dionis-Duséjour, il faudrait peut-être songer à relier aussi Hugo, Lamartine, Balzac, Gautier, Musset.

A la fin des fins, il fallut cependant se rendre, et tâcher de trouver quelque chose de nouveau pour les romantiques et les modernes.

De là, l'enfantement du *neuf-filets*!

C'était grand, c'était beau, c'était « génial » comme on dit dans le baragouin littéraire moderne.

Après cet effort, le monde de la bibliophilie se reposa.

Sur le livre qui nous occupe, le faisceau de filets forme ressauts aux angles. Pour meubler les petites encognures de ces ressauts, on y a placé des têtes de cerf, tout à fait en situation; et pour enrichir encore, on a surmonté ces têtes de cerf de grandes paires de cornes artificielles formées par deux branches de feuillages.

C'est une reliure qui a tout de suite fait école.

Or, voyez le servilisme de l'imitation en cette matière. Plus d'un bibliophile se rappellera avoir remarqué cette reliure sur une certaine *Histoire de Henri IV*. On avait simplement remplacé les têtes de cerf par des fleurs de lys. Mais au-dessus de chaque fleur de lys, on avait laissé la triomphale paire de cornes ! Voilà ce que c'est que de copier.

Inventez donc, inventez. Inventez plutôt extragavant, que de tomber dans la copie. Mieux vaut un mauvais style que pas de style du tout. Ayez des idées insensées plutôt que de n'en pas avoir. Mettez un décor chinois sur l'*Imitation de Jésus-Christ*, comme les relieurs du XVIIIe siècle. Mettez des éventails dens les angles comme les italiens et Bozérian. Semez des cathédrales sur les plats comme les relieurs de 1830; n'importe quoi: trouvez une reliure que la postérité appelle la reliure Cuzin, ou la reliure Thibaron, mais trouvez:, c'est déja bien assez d'être obligé de subir les Palais-de-Justice et les Ecoles de Médecine platement rabâchés de l'antique que nous infligent nos architectes, et il ne faut pas que le supplice de la copie à perpétuité nous soit imposé jusque chez nous, dans nos bibliothèques.

783. SCÈNES DE LA VIE PRIVÉE , 4 vol., 1830.

784. SCÈNES DE LA VIE DE PROVINCE , 4 vol.

785. LA PEAU DE CHAGRIN , 2 vol., 1831.

Relié par Cuzin, sur brochure, en maroquin brun janséniste.

786. CONTES DRÔLATIQUES, 1832-33-37, 3 vol.
Relié sur brochure, par Cuzin, en maroquin citron janséniste.

787. LE PÈRE GORIOT, 2 vol. en un, 1835.
Relié par Thibaron, maroquin vert, petits filets.

788. LE LYS DANS LA VALLÉE, 2 vol., 1836.

789. CÉSAR BIROTTEAU, 2 vol., 1838.

790. UN GRAND HOMME DE PROVINCE à Paris, 2 vol., 1839.

791. BÉATRIX, 1839, 2 vol.
Exemplaire de BALZAC. Demi-reliure, non rogné.

792. PIERRETTE, 2 vol., 1840.

793. MÉMOIRES DE DEUX JEUNES MARIÉS, 2 vol., 1842.
Exemplaire de BALZAC, en veau rouge.

794. URSULE MIROUET, 2 vol., 1842.

795. HONORINE, 2 vol., 1843.

796. DAVID SÉCHARD, 2 vol., 1843.

797. UN DÉBUT DANS LA VIE, 2 vol., 1844.
Exemplaire de BALZAC, cartonnage en veau rouge.

798. SPLENDEUR ET MISÈRES DES COURTISANES, 3 vol., 1845.

799. La dernière incarnation de Vautrin, 1848, 3 vol. in-8.

800. L'Initié, 2 vol., 1855.

801. Mme de la Chanterie.

802. Mercadet, 1861.

———

803. Mayeux, 1831.

804. Plick et Plock, par Eugène Sue, 1831.

805. ATAR-GULL, par Eugène Sue.

806. Vers, par Emmanuel Arago, 1832.

807. IAMBES, par Barbier, première édition, 1832.
Relié sur brochure, par Thibaron, maroquin rouge.

808. Richard Darlington , par Dinaux et Dumas , 1832.

809. CHAMPAVERT, par Petrus Borel , 1833.

> Reliure de Cuzin , sur brochure, en maroquin bleu janséniste ; doublée de maroquin La Vallière, dentelle intérieure.
> On a ajouté le portrait de P. Borel par C. Nanteuil, et la vignette de Dinah la belle juive, par le même.
>
> Ce *Champavert* sans défaut a été vendu à notre amateur par Claudin. Mais Claudin n'est pas particulièrement adonné aux romantiques. Sa spécialité, c'est le bouquinisme vénérable. Il faut voir sa boutique rue Guénégaud : quels empilements de livres ! La difficulté est de pouvoir s'y reconnaître, et surtout de trouver le volume qu'on y cherche. Mais s'il y a quelque désordre sur les rayons, sous le bureau, sur les sièges, il n'y a nulle confusion dans l'esprit du libraire, qui est un de nos plus judicieux bibliographes. Ses *Bulletins* sont instructifs, ses *Catalogues*, appréciés. Il n'est si grand bibliophile qui ne lui demande son avis. La Bibliothèque nationale elle-même a recours à ses lumières.

810. PAROLES D'UN CROYANT, par Lamennais , 1834.

> Reliure de Thibaron , en maroquin brun janséniste : doublée maroquin La Vallière, jolis compartiments intérieurs.

811. Le Compère Mathieu , 1835.

> Ce livre a été trouvé par notre bibliophile dans son cabinet de juge, lorsqu'il en reprit possession après la Commune. Il le conserve comme souvenir.

812. Ni jamais ni toujours, par Paul de Kock , 1835.

813. Les Sept Infans de Lara , par Mallefille, 1836.

814. Faust , tragédie de Gœthe , traduction par Gérard (de Nerval) , 1836.

815. Études sur les Orateurs parlementaires , par Timon, 1836, in-8 , avec portraits lithographiés par Julien.

> Cette première édition est très-rare.

816. Histoire de Jules , par Toppfer. Genève, 1838.

> Première idée de la *Bibliothèque de mon oncle*.

817. Le Lorgnon , par Mme de Girardin , 1832.

818. La Canne de M. de Balzac , par Mme de Girardin , 1836.

819. Salons célèbres, par Mme Sophie Gay, 1837.

820. LE MYOSOTIS, d'Hégésippe Moreau, 1838, in-8.

> Exemplaire sur lequel on a fait exécuter de nombreux dessins originaux par Chauvet, placés sus les têtes des chapitres.
> Reliure de Cuzin, en maroquin bleu de roi , trois filets ; doublée de maroquin rouge plus clair, avec guirlandes et milieu en myosotis.

821. LA CLEF DES CHAMPS , par Labiche , 1839.

> Dédicace de l'auteur à M. Eug. Paillet et lettre autographe ainsi conçue : « *23 décembre 1880. — Cher Monsieur, vous êtes bibliophile, « permettez-moi de vous adresser une chose introuvable. C'est un péché de « jeunesse, le premier et le seul roman qui soit sorti de ma plume. Il ne « vaut que par sa rareté. Agréez*, etc. — EUGÈNE LABICHE. »

822. Jumièges , par Guttingué , 1839.

823. L'HÉRITAGE , par Toppfer, 1840.

824. AVENTURES DU DOCTEUR FESTUS , par Toppfer, 1840.

825. Carlo Broschi et la Maîtresse anonyme , par Scribe , première édition , 1840 , 2 vol.

826. LA FLORIDE , par Méry, première édition.

827. NOUVELLES GENEVOISES , par Toppfer, 1841 , première édition française.

828. GASPARD DE LA NUIT, par Bertrand , 1842.

829. JÉROME PATUROT à la recherche d'une position sociale , par L. Reybaud , 1842.
> Cette première édition est très-rare.

830. Lucrèce , par Ponsard , 1843.

PREMIÈRES ÉDITIONS DE G. SAND.

831. LÉLIA , 1833 , 2 vol.

832. LA MARE AU DIABLE.

833. Spiridion.

834. François le Champi , 1849.

835. LA PETITE FADETTE , 1849.

836. LE MARQUIS DE VILLEMER , 1861.

PREMIÈRES ÉDITIONS D'ALFRED DE MUSSET.

837. CONTES D'ESPAGNE ET D'ITALIE , 1830.

> A cet exemplaire est jointe une très-intéressante lettre autographe, adressée par Musset à son oncle, M. Desherbiers, secrétaire-général à la préfecture du Mans.
> Reliure Tinan, (en maroquin brun janséniste, DOUBLÉE de maroquin

rouge, simple filet intérieur pour séparer les deux maroquins), exécutée par THIBARON.

838. SPECTACLE DANS UN FAUTEUIL, 1833-34, 3 vol.

Reliés sur brochure en maroquin bleu janséniste, par Thibaron.

839. CONFESSION D'UN ENFANT DU SIÈCLE, 1836, 2 vol.

840-843. POÉSIES COMPLÈTES, 1840. — COMÉDIES ET PROVERBES, 1840. — NOUVELLES, 1841. — POÉSIES NOUVELLES, 1850.

Premières éditions de la bibliothèque Charpentier, reliées sur brochure par Thibaron-Joly, en maroquin rouge janséniste.

844. IL FAUT QU'UNE PORTE SOIT OUVERTE OU FERMÉE, 1849.

845. Œuvres posthumes, édition originale.

PREMIÈRES ÉDITIONS DE THÉOPHILE GAUTIER.

846. LES JEUNES-FRANCE, 1833.

Dans une très-amusante et typique reliure du temps, en maroquin bleu avec une cathédrale en mosaïque sur les plats : doublée de tabis et signée *Coméleran*.

847. MADEMOISELLE DE MAUPIN, 1835-36.

Dans une jolie reliure de CUZIN en maroquin rouge, compartiments XIXe siècle (un *neuf-filets*), dos orné, DOUBLÉE de maroquin citron, large guirlande intérieure.

On a ajouté aux volumes une suite de jolies AQUARELLES ORIGINALES de John-Lewis Brown, et cinq dessins humoristiques.

Très-pur exemplaire d'un livre aujourd'hui passionnément recherché ; et que vous trouverez difficilement coté moins de 1500 fr. sur un sérieux catalogue de libraire.

Nous disons *sérieux*, et voici pourquoi :

On sait que les libraires de tous pays ont l'habitude d'envoyer aux amateurs des catalogues périodiques des livres qu'ils vendent, avec prix marqués.

Or, un truc de haute volée, quelquefois employé par certains, consiste à faire figurer dans ces catalogues des livres superbes, mais qu'ils n'ont pas. Cela corse le catalogue et pose la librairie. — Quand vous demandez le précieux livre, on vous répond simplement qu'il est vendu. Cette petite rouerie, qui est, après tout, fort inoffensive, se pratique surtout à l'étranger.

Je sais un libraire de Gérolstein qui annonce quelquefois à des prix inférieurs aux prix habituels des livres que, je le crains, il n'a pas entre les mains. C'est un coup fort habile porté aux confrères. Quand vous voyez sur son catalogue l'édition originale de *Mademoiselle de Maupin*, cotée sept ou huit cents francs, vous êtes tenté de vous dire que vous n'irez jamais chez un autre libraire l'acheter pour quinze cents.

Que si vous faites demander ledit exemplaire, la réponse sera invariablement :

« Vendu ! »

Mais, chez les libraires sérieux, le mot *vendu* est bien l'expression de la vérité et nous indique que les beaux morceaux ne demeurent pas longtemps entre leurs mains.

Une autre observation, celle-ci relative aux catalogues de ventes publiques. Avez-vous remarqué que le titre sacramentel pour annoncer une vente de véritables livres de bibliophile est, « vente de livres *rares et précieux* » tandis que, lorsque vous lisez, « vente de *beaux et bons* livres », ce sont des drogues ?

848. L'ELDORADO , 1837.

Véritable première édition. Livre de toute rareté et très-précieux.

849. Fortunio, 1838.

C'est la même édition que la précédente avec un autre titre et une préface.

On y a ajouté cinq DESSINS ORIGINAUX de Chauvet.

Reliure de Lortic, maroquin rouge trois filets, dos orné.

850. VOYAGE EN ZIGZAG.

851. Les Grotesques.

852. Avatar, 1857.

853. Le Capitaine Fracasse , 1863.

854-870. Premières éditions de diverses pièces de théâtre :

Arnali ou la Contrainte par cor (parodie d'*Hernani*). — Le Pauvre Jacques , 1835. — Le Gamin de Paris , 1836. — Le Muet d'Ingouville , 1836. — Renaudin de Caen , 1836. — Le Mari de la dame de chœurs, 1837. — Le Père de la débutante , 1837. — Les Saltimbanques , 1838. — Les Pilules du diable , 1839. — La Sœur de Jocrisse , 1841. — Un monsieur et une dame, 1841. — Une Chaîne , 1841. — Le Verre d'eau, 1841. — Riche d'amour, 1845. — Les Pommes de terre malades , 1845. — La Propriété c'est le vol , 1848.

871. Scènes de la Ville et de la Campagne, par H. Monnier, 1844 , 2 vol.

872. MADEMOISELLE DE LA SEIGLIÈRE , par Jules Sandeau , 1847, 2 vol.

873. LA DAME AUX CAMÉLIAS, par Dumas fils, première édition, 1848.

> Avec envoi de l'auteur à Hostein.
> Ce volume, étant très rare, a été jugé digne d'une reliure DOUBLÉE; maroquin bleu, l'intérieur maroquin citron, dentelle. Par CUZIN, sur brochure.

874-878. La Dame aux Camélias, première édition de la pièce. — Le Demi-Monde, 1855. — La Question d'Argent, 1857. — Le Fils naturel, 1858. — Le Père prodigue, 1859.

879. Le Chiffonnier de Paris, par Félix Pyat, 1848.

880. La Chasse aux Romans, par Jules Sandeau, 1849.

881. Gabrielle, par Emile Augier, 1850.

882. TOLLA, par Edmond About, 1850.

883. Grandeur et Décadence de Joseph Prudhomme, par H. Monnier, 1852.

884. Voleurs et Volés, par Léon Paillet, 1855, in-12.

885. LES BOURGEOIS DE MOLINCHART, par Champfleury, 1855.

886. Pensées d'un emballeur, par Commerson, 2 vol. in-18
> Livre type. L'esprit tintamarresque n'est pas à dédaigner.

887. Un monsieur très-tourmenté, par Paul de Kock, 1855, 2 vol. in-8.

888. Je dîne chez ma mère, par Decourcelle et L. Thiboust, 1856.

889. MADAME BOVARY, par Flaubert, première édition, 1857, in-12.

> PAPIER FORT.
> On a ajouté au volume sept AQUARELLES ORIGINALES d'Edmond Morin.
> Reliure Tinan (brun DOUBLÉ de rouge), par CUZIN.
>
> Cet exemplaire a été établi dans des conditions de soin particulières; comme tous les livres importants. Or, c'est un livre qui fait époque. Ceci soit dit sans vouloir trancher la grave question de savoir si le naturalisme date de *Madame Bovary* ou de *Germinie Lacerteux*, ou de Balzac.
> Il y aurait d'ailleurs, paraît-il, un moyen de tout concilier. Un fanatique du XVIIIᵉ siècle, dans une de nos causeries bibliographiques quotidiennes chez les libraires, revendiquait pour Jean-Jacques, qui découvrit la Nature, l'honneur d'avoir inventé du même coup le naturalisme, et même d'avoir, dans les *Confessions*, par des détails qui font lever le cœur, enfoncé d'emblée toute l'école cuvettiste.

890. LES OUBLIÉS ET LES DÉDAIGNÉS, par Monselet,
2 vol. in-12.

891. SOPHIE ARNOULD, par MM. de Goncourt, 1857.
Grand papier.

892. LES FLEURS DU MAL, par Baudelaire, édition originale, 1857.

> Avec un envoi à M. Chaix d'Est-Ange et un autographe de Baudelaire :
> « *Je vous supplie, cher Monsieur, de ne pas négliger les monstruosités de*
> « *la Chute d'un ange. Si vous voulez, je chercherai avec vous les passages.*
> « *Décidement, citez (avec degoût et horreur), de bonnes ordures de*
> « *Béranger :* le Bon Dieu, Margot, Jeanneton (*ou* Jeannette).
>
> *Tout à vous,*
>
> CHARLES BAUDELAIRE. »

893. La Maison de Penarvan, par Jules Sandeau, 1858.

894. LE ROMAN D'UN JEUNE HOMME PAUVRE, par
O. Feuillet, première édition, 1858, in-12.

> Cinq AQUARELLES ORIGINALES de G. Boutet.
> Reliure en maroquin rouge, DOUBLÉE de maroquin vert, dentelle
> intérieure par CUZIN.

895. La Femme, par Michelet, 1860.

896. La Pénélope normande, par A. Karr, 1860.

897. La Succession Lecamus, par Champfleury, 1860.

898. LES MAÎTRESSES DE LOUIS XV, par Edmond et Jules
de Goncourt, 1860, 2 vol. in-8.

> Exemplaire en GRAND PAPIER.
> On l'a orné de nombreux portraits qui sont des DESSINS originaux
> de Baudet-Bauderval. (Ce nom rappelle tout un monde, en fait de
> livres !)
> Jolie demi-reliure de David.

899. Les Petits Mystères de l'hôtel des ventes, par H.
Rochefort.

900. La Sensitive, par Labiche, 1860.

901. Les Bas-fonds de la Société, par Henry Monnier. Claye,
1862, in-8.

902. Vie de Jésus, par Renan, 1863.

903. Les Poseurs, par L. Thiboust et J. Duval, 1862.

904. Madelon , par Edm. About , 1863.

905-909. Comédies de Sardou : Les Pattes de mouche, 1860.
— Les Diables roses , 1864. — La famille Benoiton, 1866.
— Nos bons villageois, 1867. — Rabagas , 1872.

910. Le Chevalier Destouches , par Barbey d'Aurevilly, 1864.

911. De la Profession d'Avocat, par F. Liouville, 1864.
Grand papier avec envoi de M. A. Liouville.

912. Le Supplice d'une femme, par Emile de Girardin, 1865.

913. Fables , par Charles Royer, 1863.

914. Le Roi chez la Reine , par Armand Baschet, 1864.
Grand papier.

915. Héloïse Paranquet , 1866.

916. Le Musée Secret de Paris , par Charles Monselet , in-1.8

917. Le double Almanach gourmand, par Monselet, 1866-70.

918. Gastronomie , récits de table , par Monselet, 1874.

919. LE PARNASSE SATYRIQUE DU XIXe SIÈCLE, première édition , 3 tomes en un vol. in-12.

Très-curieux exemplaire de la bibliothèque H....
Il est sur PAPIER DE CHINE.
Reliure DOUBLÉE, *aux fleurs du mal*, par TRAUTZ.
Vous avez naturellement une envie folle de savoir ce qu'est cette célèbre reliure ? Voici :
Un extérieur citron janséniste, doublé de noir, avec gardes en moire noire. C'est sur le fond lugubre de la doublure qu'éclate la dorure aux fleurs du mal, dorure hermaphrodite qui unit à la bordure XIXe siècle une large dentelle XVIIIe à petits fers, formée de fleurs sur lesquelles voltige une bande de papillons. C'est fort simple.
Seulement, les fers à dorer ont été gravés tout exprès, sur les indications de H...., et son imagination tourmentée a voulu donner aux fleurs un air compromettant, à l'adresse des papillons exubérants de vie et d'agitation. Il n'y avait que H.... pour concevoir la fleur cynique et le papillon concupiscent. Il les a réalisés, leur cas n'est pas niable.

920-923. Romans de MM. de Goncourt : Germinie Lacerteux,
1864. — Renée Mauperin , 1864. — Manette Salomon ,
1867. — La Faustin , 1882.

924. L'Affaire Clémenceau , par Dumas fils . 1866.

925. Monsieur, Madame et Bébé , par G. Droz , première
édition.

926. Les Bonnes fortunes parisiennes , par Stahl (Hetzel).

927. La Grammaire , par Labiche , 1867.

928. Froufrou , par Meilhac et Halévy, 1870.

929. L'Abbé Tigrane , par Fabre , 1873.

930. FROMONT JEUNE ET RISSLER AINÉ, par A. Daudet, première édition , 1874 , in-12.

Avec six beaux DESSINS ORIGINAUX de Dagnan.
Reliure en maroquin rouge, DOUBLÉE de maroquin citron, dentelle intérieure, par CUZIN.

931. Les Diaboliques , par Barbey d'Aurevilly, 1874.

932. Le premier Siège de Paris, l'an 52 avant l'ère chrétienne, par H. Houssaye.

933. Discours et plaidoyers de M. Chaix-d'Est-Ange , 3 vol., 1877.

934. L'ASSOMMOIR , par E. Zola , première édition , 1877 , in-12.

GRAND PAPIER.
Avec sept AQUARELLES ORIGINALES d'Edmond Morin.
Reliure Tinan, (rouge DOUBLÉ de brun), par CUZIN.

935-937. Index librorum prohibitorum , 1877. London. — Centuria librorum absconditorum. London , 1879. — Index librorum tacendorum , 1885. London. Par Pisanus Fraxi , 3 vol. in-8.

938-941. Lettres de mon moulin, par A. Daudet, édition définitive, 1879. — Les Rois en exil, 1879. — Numa Roumestan, 1881. — L'Evangéliste, 1883.

942. Le Roman d'un brave homme , par About, 1880.

943. Une Page d'amour, par Em. Zola.

944. NANA , par Émile Zola, 1880.

Exemplaire en GRAND PAPIER.
Très belle et originale reliure en maroquin violet, fers spéciaux, compartiments naturalistes sur les plats, roulette pot-bouille intérieure.

945. Histoire d'une parisienne , par Octave Feuillet.

946. Mademoiselle Fifi , par Guy de Maupassant , 1881.

947. Le Monde où l'on s'ennuie , par Pailleron , 1881.

948. Contes en prose , par Coppée , 1882.

949. L'Iliade , traduite en vers français , par M. Barbier, premier président de la Cour de Cassation , 1880-82 , 2 vol.

950. La Chanson des Gueux, par Richepin, première édition, avant les suppressions.

951. La Chanson des nouveaux époux, par Mme Adam , première édition.

952-954. Monsieur et Madame Cardinal, par L. Halévy, 1872. — Les Petites Cardinal, 1880. — L'abbé Constantin, 1882.

Tous ces livres modernes ont été amassés avec une sage prévoyance. C'est la bibliophilie de l'avenir. Il y en a qui vaudront bien cher un jour. Ah! qu'il sera doux de voir, du haut du ciel, nos arrière-neveux se les disputer !

———

Ci FINIT le catalogue des livres rares et curieux. Notre tâche est terminée. Il ne nous reste qu'à noter quelques livres qui offrent un intérêt personnel à notre bibliophile.

———

955. Paillet, ou l'avocat , conseils d'un ancien aux stagiaires, sur l'exercice de la profession d'avocat, par Félix Liouville; publié par Albert Liouville , 1880, in-8.

Un des 30 exemplaires sur papier de Hollande.

956. Paillet. Plaidoyers et discours publiés par J. Le Berquier. Paris , 1881 , 2 parties , in-8.

Portrait gravé par Normand, et eau-forte gravée par Mertens.
Un des cinq exemplaires sur japon, in-4, autographe, etc.

957. Une Excursion au domaine de Belleau (propriété de la famille Paillet) , suite de dessins à la mine de plomb , par Chauvet. Album in-fol. oblong.

958. Maximes de La Rochefoucauld. Paris , 1883.

Collationné sur le premier texte de 1664, et publié d'après l'exemplaire de cette édition qui appartient à M. Paillet, avec une préface de M. Pauly, de la bibliothèque nationale.
Le livre est dédié par M. Pauly à M. Eugène Paillet.

959-995. Divers ouvrages de bibliographie, catalogues , annuaires de la Société des Amis des Livres, etc., etc.

Il est superflu d'en donner le détail, chacun doit bien se douter qu'un bibliophile de marque a toujours sous la main un *Brunet*, un *Cohen*, un *Brivois* et les nombreuses bibliographies spéciales qui ont été publiées récemment : car aujourd'hui, en cette matière, tout est étudié de près. Les livres sont devenus des objets si précieux qu'on s'entoure de toutes les précautions avant de passer outre à un achat.

La plupart de ces bibliographies, offertes au Bibliophile par leurs auteurs, ont des envois autographes.

Parmi les catalogues de ventes, nous n'en voulons signaler qu'un seul, qui a son importance, c'est le suivant :

996. Catalogue de la vente Fortsas, 1840, in-8.

Plaquette de toute rareté.

Les bibliophiles sont toujours à l'affût des livres extraordinaires : nous l'avons dit et redit, le plaisir est de posséder ce que les autres n'ont pas. Nous avons même indiqué ce genre de délire bibliophilique qui consiste à souhaiter des livres qui ne peuvent exister.

Un jour, il y a de cela quarante-cinq ans, le monde bibliophile palpita en apprenant la mort du comte de Fortsas, bibliophile belge, et bibliophile des plus étranges. C'était le type de l'amateur qui veut avoir des livres extraordinaires, rien de banal ; il n'acceptait donc que les livres inconnus à tous les bibliographes, et dont le titre n'avait jamais, mais ce qui s'appelle jamais, été mentionné dans aucun travail de bibliographie. Aussi, comme le disait le catalogue mis en distribution, la bibliothèque était riche mais peu nombreuse : une centaine de numéros au plus, tous étranges, curieux, savoureux, de haut goût.

On était en juillet 1840, la vente avait lieu en Belgique, le 10 août, à 11 heures du matin, par le ministère de Me Mourlon, notaire de la famille de Fortsas.

Le propre du bibliophile est d'être cachottier. Dès la réception du catalogue, tous furent décidés à se rendre à la vente : aucun ne l'aurait avoué pour un empire. Deux amateurs se rencontraient-ils :

— Bonjour, cher, comment allez-vous ?
— Comme un homme qui se dispose à partir pour quelques jours.
— Ah ! vraiment ! C'est comme moi. Et où allez-vous ?
— Dans ma propriété, en Poitou, renouveler un bail avec un fermier. Et vous ?
— Dans le Midi, assister au mariage d'une arrière-cousine de ma femme. On m'a prié d'être témoin.
— Bon voyage, cher ami.
— Merci, et je vous en souhaite autant.

Quinze jours après, nos interlocuteurs se trouvaient nez à nez, dans les rues de Mons : et avec eux, le dessus du panier des bibliophiles européens. On se mettait en quête du notaire, et on ne le trouvait pas, — par l'excellente raison qu'il n'existait pas !

Pas plus que la bibliothèque !

Pas plus que le comte de Fortsas !

Le catalogue était une colossale mystification !

Il fallut revenir, honteux comme des bibliophiles qui ont été bien et dûment pris.

Que ceci nous serve de leçon, enragés que nous sommes !

Et cependant, on redistribuerait aujourd'hui un catalogue Fortsas, que, selon toute probabilité, nous ferions exactement ce que firent nos prédécesseurs !

997. Manuel de l'amateur d'illustrations, par Sieurin, 1877, in-8.

Ce manuel est dédié par l'auteur à M. Eugène Paillet, qui fut un des hôtes assidus de l'hermite de la Montagne Sainte-Geneviève.

998. Les Dessinateurs d'Illustrations au XVIIIe siècle , par le baron Roger Portalis, 1873. — Les Graveurs du XVIIIe siècle, par le baron Roger Portalis et Henri Beraldi, 1881-82. Ensemble 4 vol. in-8.

Exemplaires sur PAPIER DE CHINE, avec envois manuscrits.

Le livre des *Dessinateurs* a été dédié par Roger Portalis à M. Eugène Paillet.
Ces dédicaces sont une preuve de l'influence extraordinaire exercée par notre bibliophile.
Dans les *Graveurs du XVIIIe siècle*, nous avions esquissé un rapide croquis de notre bibliophile et de sa bibliothèque *« Pas un défaut, pas « une tache, pas une épreuve douteuse ; Paillet, comme il le dit lui-même, « cherche la petite bête. Son coup d'œil perçant, bien connu, est la terreur « des libraires et des bibliophiles. N'essayez point de lui cacher une tare, « un lavage, une déchirure, un raccommodage ; peine perdue : tout défaut, « il le verra..... et il le dira ! »*

999. Mes Estampes. Lille, Danel, 1884 , in-12.

Dédié à Eugène Paillet, président de la Société des Amis des Livres, — en souvenir des bonnes heures que j'ai passées dans sa bibliothèque, douze années durant.

Les collectionneurs ayant fait à *Mes Estampes* un accueil plus que bienveillant, nous avons voulu pour leur marquer notre reconnaissance, leur ménager une surprise en leur offrant :

1000. Bibliothèque d'un Bibliophile. Lille, Danel, 1885, in-12.

Dédié aux Amis des Livres.

Bibliothèque d'un Bibliophile : c'est-à-dire, catalogue de la collection d'un amateur vraiment digne du grand nom de bibliophile, — et qui restera comme une des figures plus saillantes de la bibliophilie contemporaine ;
Bibliothèque d'un Bibliophile : c'est-à-dire encore, choix de livres pouvant servir d'indication à ceux qui veulent se tracer un cadre de bibliothèque.
(Pour peu qu'on étende ce genre de catalogues-types aux diverses matières collectionnables, on aura *Iconothèque d'un Iconophile, Céramothèque d'un Céramophile, Pinacothèque d'un Pinacophile*, etc., une encyclopédie en *thèque* et en *phile*. Ce sera excellent.)
Faut-il l'avouer sans détour ? Nous n'avons nulle inquiétude sur le sort de *Bibliothèque d'un Bibliophile*. Nous ne pouvons nous être trompé en pensant que tous ceux qui ont visité la bibliothèque si célèbre de ce bibliophile si entraînant seraient satisfaits d'en conserver un souvenir. Nous sommes même certain qu'on nous accusera avec raison d'avoir manqué de logique en ne faisant tirer qu'à petit nombre un catalogue destiné aux amis d'Eugène Paillet.

INDEX.

I. — DESSINS ORIGINAUX.

II. — RELIURES EN MOSAÏQUE.

III. — RELIURES DOUBLÉES.

IV. — PROVENANCES.

V. — TABLE ALPHABÉTIQUE.

A.

B.

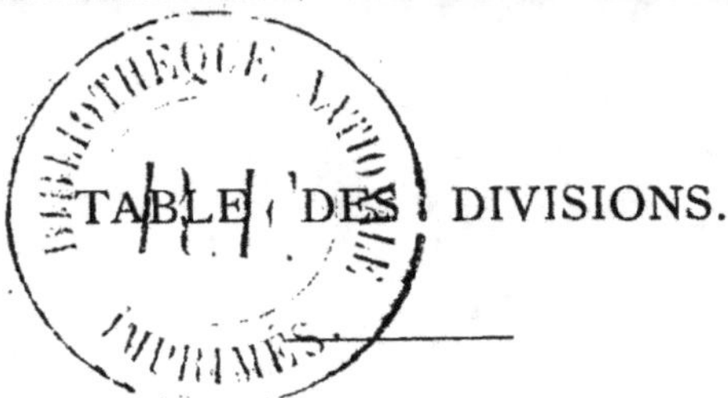

TABLE DES DIVISIONS.

LILLE. — IMPRIMERIE L. DANEL.